Tenaces

Anaïs Bouton

Cher Nicolas

Tenaces

en signe de partage,

Anaïs

Albin Michel

À Tosca et Bianca

INTRODUCTION

Les héros de mon siècle : Jodi Kantor et Megan Twohey du *New York Times*, Ronan Farrow du *New Yorker*. Tenaces, engagés, courageux. Par leur enquête patiente et consciencieuse, ils ont fait exploser notre monde. Pas partout, bien sûr ; pas complètement encore – les injustices persistent, à tous les niveaux, dans nos sociétés « modernes ». Mais quand même : ces trois journalistes ont fait sauter une digue, et la vérité a jailli comme un geyser furieux. Enfin, c'est ce que je croyais…

Automne 2017. #MeToo. Je me souviens de la photo de couverture de *Paris Match*. Ils sont au centre, comme un vieux couple de cinéma : elle incarne l'éclat, la grâce, la possibilité du rêve. Lui, c'est le système. Harvey Weinstein et Marion Cotillard. Une sorte d'étreinte qui raconte tout, une mise en scène du système, justement. Lui suinte, tellement dégueu, double menton bavoir, le bras en fourche de transpalette. Elle, raide, belle comme un refus, absente. L'image dit : « Je ne peux pas bouger. Je ne dois pas faire de vague. » Et ce titre, comme une vengeance périmée, « La révolte des actrices », accompagné du sous-titre « Il est temps de dénoncer haut et fort ce système terrifiant - Marion Cotillard ». Glaçant. Comme si la couverture elle-même était un champ de bataille entre l'avant et l'après #MeToo, entre la soumission feutrée et la parole libérée. Une épiphanie rétroactive. Alors cette une devint un miroir, un révélateur de notre complaisance passée, de notre fascination pour les puissants et de notre apathie (qui a duré des siècles, environ) à ouvrir les yeux. On comprend vite, mais il faut nous expliquer longtemps. Que faisions-nous, nous, pendant qu'elles se taisaient ? Et aujourd'hui encore : que faisons-nous pour celles qui n'ont pas la parole ? Les caissières, les cadres, les mères solitaires, les aides-soignantes, les entrepreneuses, les assistantes, les paysannes, les femmes de ménage et les autres ? Celles qu'on n'entend pas mais qui subissent toujours. #MeToo a libéré certaines voix. Pas toutes.

Moi, tout au long de cet automne 2017, je suis sidérée et fascinée : cette révolution qui naît sera-t-elle aussi déterminante que le feu, la roue, l'imprimerie ou le numérique ? Je propose alors à ma boss de réaliser un documentaire, ou un podcast, sur des *femmes puissantes*. Avec ce titre-là. Ce qui m'intéresse, à ce moment précis, ce sont celles qui se sont battues, qui ont réussi. Celles qui peuvent parler du haut de leur piédestal : comment tracer un chemin dans un monde hostile ? Comment parvenir au sommet, quand on n'est pas censé y être, voire y penser ? Après tout, le prix Goncourt n'a-t-il pas récompensé Marie NDiaye pour son roman *Trois femmes puissantes*. Finalement…

L'affaire traîne un peu, l'idée germe aussi à France Inter qui ira plus vite que nous. Je me renfrogne quelques jours. Et puis, une autre envie émerge, plus intime, plus profonde : *Tenaces*. Avec le recul, je me dis que ce n'est pas plus mal que les femmes puissantes aient pris une autre route. J'ai aimé cette idée, elle portait une vraie ambition : montrer des modèles, donner de la hauteur et de l'élan (une intention parfaitement mise en forme par Léa Salamé). Mais, en chemin, quelque chose a bougé pour moi. J'ai compris que ce qui me touchait le plus, ce n'était pas seulement la puissance au sens classique – visible, affirmée, conquérante –, mais une autre forme de force, plus discrète, plus résistante. Ce que j'ai vu chez la plupart des femmes, c'est la ténacité, une énergie souterraine, continue, indomptable. Toutes les femmes puissantes sont tenaces, oui, mais toutes les tenaces ne sont pas (encore) puissantes. Et c'est justement cette lumière-là que j'ai eu envie de faire apparaître. Alors je suis allée vers elles.

Et ce que j'ai découvert, c'est une force vivante. Des femmes aux parcours aussi variés qu'inattendus. Des scientifiques, des sportives, des artistes, des politiques, des anonymes et des icônes. Certaines ont été les premières dans leur domaine, d'autres ont transformé leur souffrance en combat, plusieurs ont simplement choisi de rester debout quand tout les poussait à tomber, d'aucunes enfin ont fait ce qu'elles avaient à faire : s'accomplir avec grâce. Elles ont traversé l'enfer ou simplement résisté à l'érosion du quotidien. Il y a celles qui soignent, celles qui dirigent, celles qui dénoncent, celles qui inventent, celles qui réparent. Il y a des étoiles et des mères, des soldates et des sages, des brûlées, des rescapées, des pionnières, des résistantes. Des croyantes et des athées. Des ultramédiatisées et des invisibles.

À chaque rencontre, j'ai été surprise. Bousculée, parfois. Toujours nourrie. Il m'est resté bien plus qu'un enregistrement : une pensée, une image, une expérience vécue, parfois un souvenir venu d'ailleurs ou la réminiscence de ce qu'une autre femme m'avait un jour raconté. Alors, à la suite de chaque interview, j'ai écrit un texte plus personnel, en écho. Il ne s'agit ni d'analyse ni de commentaire, mais de cette trace intime que laisse une parole sincère. Ces voix ont réveillé en moi d'autres voix. Ce livre est fait de ces allers-retours – entre elles et moi, entre leurs récits et ce qu'ils font vibrer ailleurs.

Tenaces n'est pas un catalogue de réussites, c'est une traversée qui en dit long sur notre époque, sur ses douleurs, ses espoirs, ses lignes de fractures. *Tenaces,* ce n'est pas un panthéon ni un musée, c'est un chœur.

Un chœur de femmes singulières.

Et moi, donc, en face ou à côté.

Je suis une fille des années 1970. Ce moment où la liberté a fait la peau à l'innocence, à la pudeur et à la responsabilité. J'en ai connu les rêves, l'idiotie, les douloureuses complaisances, les silences et les petits arrangements. Je suis née dans un milieu bourgeois dont j'adore les codes, ils sont mon doudou. Je suis devenue un corps qu'on touche vers sept ou huit ans : le professeur de catéchisme. Rien compris. Là, j'ai appris l'effraction, le silence, la honte et la meurtrissure de ne pas être crue par les gens qu'on préfère au monde (mes grands-parents). J'ai compris que le chemin allait être escarpé et qu'il faudrait marcher droit.

Les parents ne prévenaient de rien. On ne parlait pas d'intimité et les prédateurs, c'est bien simple, ça n'existait pas. On n'apprenait pas à se méfier, juste à sourire, à dire merci et à être polie, même (surtout ?) quand on nous touchait. Le corps des petites filles, des femmes, était un buffet garni.

C'était le temps où, à la télé ou dans les salons, de vieux messieurs beigeâtres aimaient patauger dans les récits immondes d'un pédophile notoire qui donnait des leçons à la terre entière, en plus. Je regardais sans comprendre, je trouvais ça bizarre. Tout me paraissait terriblement déplacé. Les adultes ricanaient, certains étaient quand même un peu embarrassés, mais tous avaient pour totem : « Qui suis-je pour juger ? » Imparable et très pratique. Voilà, rapide, le contexte.

Mon engagement prend racine dans la longue et patiente observation du sort réservé aux femmes dans le monde en général, et dans mon pays – que j'aime tant – en particulier. Son ordonnancement me semblait cohérent, j'ai mis longtemps à prendre conscience de ce qui, fermement, plaçait les femmes toujours en retrait. Les violences sexistes et sexuelles, bien sûr. Mais ça, c'est la face immédiatement visible du problème. Derrière, il y a le reste : l'effacement, l'assignation, l'autocensure, le soupçon permanent d'incompétence et son pendant, le syndrome de l'imposture et tout un lexique de la décrédibilisation, intégré à force d'être répété. La médecine pensée par et pour des hommes, les injonctions contradictoires sur le corps, la maternité, l'ambition, le désir. Les plafonds de verre et les planchers collants… Il faut comprendre ce que les femmes traversent, inventent, réparent et tiennent. Comprendre ce que ça coûte et, mieux, ce que ça vaut.

Je ne suis pas de la génération de la plainte et ne me sens pas offensée. J'aime *tenir ma maison*, m'occuper des miens, je ne conçois pas ma vie sans mes enfants et mon mari. Et pourtant – ou plutôt justement pour cela – je me suis engagée, comme nous devrions tous l'être. Pas contre les hommes, mais pour une idée simple et ancienne : la justice.

LES PIONNIÈRES

Elles ont ouvert des portes que personne n'avait encore osé pousser. Elles ont été les premières, pas par goût du défi, mais parce qu'il n'était plus possible de faire autrement. Et elles n'ont pas seulement franchi des seuils : elles les ont élargis pour que d'autres puissent passer après elles.

Tatiana Brillant, négociatrice au RAID, a choisi de maintenir la vie dans les situations les plus extrêmes. Alexia Laroche-Joubert, patronne de sociétés de production emblématiques, s'est imposée au cœur d'un univers télévisuel saturé de figures masculines, tout en revendiquant son style, son ambition et son autorité. Mercedes Erra, pionnière dans la publicité, a insufflé une pensée féministe et progressiste là où régnaient encore les clichés et les images stéréotypées. Kahina Bahloul, première femme imame de France, a fait le pari fou de réconcilier foi, féminisme et réforme au sein d'un monde hérissé d'hommes. Nadine Picquet a dirigé la plus grande prison d'Europe avec calme et humanité, consciente d'incarner une rupture au cœur d'un univers encore très masculin. Yaël Braun-Pivet, première femme à présider l'Assemblée nationale, a tenu tête aux cercles masculins du pouvoir, et imposé une autorité libre, et alignée. Et puis, il y a Martine Monteil, première femme patronne du 36, quai des Orfèvres et immense figure de la PJ française, qui a mené des enquêtes – jusqu'alors chasse gardée des hommes – avec fermeté, précision et un sens inné de l'honneur.

Aucune d'elles ne s'est revendiquée « pionnière ». Elles ont simplement fait ce qu'elles devaient faire, à un moment où ce n'était pas le moment (mais quand cela le sera-t-il ?!).

Et c'est en cela qu'elles sont exemplaires. Le courage n'est pas toujours spectaculaire ; il est souvent silencieux, déterminé, patient.

Tatiana Brillant

Négociatrice au RAID pendant treize ans, Tatiana Brillant a dû gérer les situations humaines les plus extrêmes : prises d'otage, attentats terroristes, enlèvements, forcenés. Le RAID, ce sont ces longues silhouettes noires et masquées, souples et anonymes. Elle : tout le contraire ! Sublime, peau caramel, vêtue de blanc doré, cheveux tirés et sourire éclatant. Tout semble doux chez elle et avant même d'entendre le son de sa voix, on a envie de lui dire : « Je me rends sans condition ! »

Comment êtes-vous arrivée au RAID ?

Je voulais devenir avocate, même si la magistrature m'avait traversé l'esprit. C'est pendant ma maîtrise, en découvrant les métiers de la justice criminelle, que j'ai entendu parler de la prise d'otages de la maternelle de Neuilly, avec Human Bomb. Ça a été un déclic. J'ai compris que je voulais résoudre ce genre de situations, mais par la négociation. C'est ainsi que j'ai décidé de ne pas passer le barreau et d'intégrer la police. J'avais découvert l'existence du RAID et du métier de négociateur de crise criminelle, et tout en moi a vibré. Ce mélange d'intervention, de psychologie et d'écoute… ça m'a tout de suite parlé.

Qu'est-ce que ça a touché chez vous ?
La possibilité de désamorcer une situation par la parole, de comprendre avant d'agir. Derrière le conflit, il y a toujours un humain. C'est cette humanité que je voulais rencontrer.

Quel était le métier de vos parents ?
Ma mère est infirmière, mon père pompier. Chez nous, le service n'était pas une option, c'était un réflexe.

On vous a dit que vous étiez trop jeune et trop jolie pour ce métier ?
Oui. C'est une psychologue, pendant le processus de recrutement, qui m'a demandé comment j'allais « gérer ma féminité » dans l'unité. Je ne savais pas quoi répondre : j'étais policière depuis plus de trois ans, je n'avais jamais pensé à mon métier sous l'angle du genre. Ce n'est jamais moi qui ai posé cette question-là, ce sont les autres qui me la renvoyaient.

C'est étonnant que ce soit une femme qui vous dise ça…
Oui. Et je ne crois pas que le genre change notre façon de faire ce métier. On a la même formation, les mêmes techniques, mais on est façonnés par ce qu'on est, notre histoire personnelle. La négociation, c'est beaucoup de savoir-être. Deux négociateurs peuvent aborder la même crise sous deux angles totalement différents, parce qu'ils n'entendront pas les mêmes choses, ne s'arrêteront pas aux mêmes signaux. Ce n'est pas une question de sexe, mais de regard.

Et pourtant, on vous renvoie tout le temps à votre genre ?
Oui. En 2004, quand j'intègre le RAID, les femmes y sont encore rares. Je n'ai pas été la première, mais on restait peu nombreuses. Alors oui, les remarques sont là. Ce qui est intéressant, c'est que jamais les forcenés ne me l'ont reproché. Au

contraire, ma voix et le fait que je sois une femme créaient une forme de surprise, et souvent ça désamorçait le rapport de force. On ne pouvait plus être dans la confrontation virile. C'était une ouverture.

Mais parfois vos collègues voulaient en finir : « Tatiana, tu as tout essayé, maintenant on y va avec le bélier ? »
C'est vrai qu'il y a deux temporalités : la « négo » prend du temps, mais, chaque fois que c'est possible, on privilégie cette voie. L'assaut, c'est toujours un risque, pour les otages, pour les opérateurs, pour tout le monde. Si on peut éviter, on le fait. Mais ce n'est pas nous qui décidons. C'est le chef du RAID qui, à partir des éléments que nous lui remontons, arbitre.

Il y a différents types de forcenés : le combattant ou le désespéré. Comment négocie-t-on ?
Il y a en effet plusieurs types de forcenés et ces deux-là en font partie. Ces gens n'ont rien à perdre. Le combattant veut affronter, le désespéré veut mourir. Ils nous demandent beaucoup d'énergie parce qu'il faut aller très loin pour trouver un angle d'entrée. Mais on ne les juge jamais, ce n'est pas notre rôle. On essaye de comprendre, d'ouvrir une brèche. On travaille sur les émotions, sur les leviers inconscients, on ne force jamais. On réintroduit du choix, on élargit le champ du possible.

Et si ça échoue ? S'ils meurent ?
C'est toujours une perte. Pas seulement pour eux, mais pour ceux qui restent, pour les victimes, les proches. Parfois, on n'a pas le choix, mais on tente tout ce qui peut être tenté avant.

Vous avez constaté qu'il y a très peu de femmes parmi les forcenés. Pourquoi ?
J'en ai rencontré très peu en treize ans. Quand elles passent à l'acte, elles font moins de bruit. Elles ne se mettent pas en scène. Il y a eu cette femme qui a pris en otage son avocat, parce qu'elle estimait que son ex-mari n'aurait pas dû obtenir la garde de leur enfant. La plupart du temps, elles agissent seules, sans chercher à interpeller. À l'inverse, beaucoup d'hommes veulent qu'on entende leur colère. Un tiers des interventions concerne d'ailleurs des individus souffrant de troubles psychiatriques, souvent des paranoïaques ou des schizophrènes en rupture de traitement.

Qu'est-ce que « ventiler », dans votre métier ?
C'est laisser l'émotion sortir, quelle qu'elle soit. Ne pas bloquer une colère, mais l'accompagner pour qu'elle s'épuise. Comme un ballon qui se dégonfle. On permet à l'autre d'exprimer ce qu'il ressent, pour qu'il puisse ensuite entendre autre chose.

Et dans la vie privée, vous utilisez ces techniques ?
Oui, bien sûr. Avec mes enfants, par exemple. J'utilise la technique des messages « je ». Dire « je me sens inquiète quand tu fais ça », plutôt que « tu fais n'importe quoi ». Ça permet de préserver la relation, de ne pas abîmer l'autre.

Savez-vous négocier votre salaire ?
Non, jamais ! J'étais fonctionnaire, heureusement. Si je devais le faire aujourd'hui, je demanderais à une collègue négociatrice de le faire pour moi !

Vous avez eu des enfants. Comment fait-on quand on est une femme du RAID ?
On est d'astreinte une semaine sur trois, vingt-quatre heures sur vingt-quatre. C'est-à-dire qu'à chaque appel de la salle de commandement sur notre alphapage, on a trente minutes pour être à l'unité. Il faut une base arrière solide. Pendant longtemps, mes enfants n'ont pas su ce que je faisais. Je leur disais que je parlais avec les méchants pour qu'ils soient moins méchants. Quand je suis partie en Afrique sur une affaire d'enlèvement, un de mes enfants m'a demandé pourquoi c'était encore moi qui partais.

C'est pour eux que vous avez arrêté ?
Non. J'ai arrêté parce que je voulais choisir le moment. On pouvait faire trois contrats de cinq ans, je suis restée treize ans. Je voulais sortir avant d'être poussée vers la sortie. C'est très difficile de partir, parce que c'est une famille. On pense tous que c'est plus simple d'y entrer que d'en sortir.

Vous sentiez-vous libre ?
Toujours. Même avec les contraintes. Parce que je savais que c'était moi qui déciderais quand arrêter.

Vous avez été aux premières loges lors de moments tragiques : l'attaque contre Charlie Hebdo *et le Bataclan...*
Oui. À Dammartin-en-Goële, j'étais sur place, lorsque les deux terroristes qui ont décimé la rédaction de *Charlie* ont pris les otages. C'était la compétence du GIGN, nous étions en soutien. Et pendant que mes collègues partaient sur l'Hyper Cacher, je suis restée avec ceux de Dammartin. Les terroristes n'ont jamais voulu négocier.

Et le Bataclan ?
C'était hors norme. C'est la première fois que le RAID entrait dans Paris. Normalement, ce n'est pas la place des négociateurs, surtout quand les lieux ne sont pas figés. Mais là, tout était chaos. Il fallait porter les blessés, aider à tout. Les négociateurs de la BRI ont pu initier des contacts avec les assaillants. Sur le point qui était le mien, le *top inter* – le top intervention est le signal donné à l'équipe d'élite (RAID, GIGN…) pour lancer l'assaut ; c'est l'instant précis où l'intervention bascule : on entre, on neutralise, on sauve – a été donné avant que je puisse entrer en contact avec l'un d'entre eux. Une scène de guerre que je n'oublierai jamais…

On vous appelle « le chat noir »…
Oui. Parce qu'à chaque fois que j'étais d'astreinte, ça sonnait. Mes collègues disaient : « Si c'est Tatiana, on ne bouge pas, ça va tomber. » Et ça tombait toujours !

Quels sont les quatre mots importants pour réussir sa vie ?
Oser, parce que j'ai été élevée avec cette idée qu'il ne fallait pas s'interdire d'essayer. Le sens, parce que c'est ce qui me guide. Le plaisir : j'ai aimé chaque jour, même les plus durs. Et la famille, c'est mon socle.

Un épisode de ma vie répond en écho à cette histoire de négociation dont m'avait parlé Tatiana.

Ce jour-là, je me suis dit : je ne vais pas négocier, je vais lui claquer la baffe dont il se souviendra mille ans. Mais ça, je me le suis dit trop tard. Avoir l'esprit d'escalier et enrager. J'ai donc ruminé quelques heures, appelé ma meilleure amie. « Rho ! mais y a qu'à toi que ça arrive. »

Je me trouvais sur un plateau et le type m'avait collé une main aux fesses de compétition, avec torsion du majeur, le genre de trucs qu'on prend habituellement dans le métro, quand on a quinze ou vingt ans et pas encore les mots… J'en avais vu d'autres, vraiment : impavide, donc. Mais quand même, cette lancinante question : comment avait-il pu s'autoriser ça ? Il y avait donc encore, en moi, quelque chose qui donnait l'impression qu'on pouvait se permettre ces gestes ? C'est ça qui me rendait marteau… Alors j'avais décidé de ne pas moufter, mais de lui retourner la paire de mandales qu'il méritait, la semaine suivante. Ça aurait été marrant un combat à mains nues, d'autant que j'aurais eu l'avantage.

Ce soir-là, j'étais chafouine et j'avais fini par tout raconter à mon mari à qui je ne pouvais pas cacher grand-chose. Je lui avais demandé de ne pas intervenir. Et bien sûr, il s'en était mêlé dès le lendemain, en allant expliquer au goujat de quel bois il se chauffait.

C'était adorable, mais je trouvais qu'au fond le sauveur et le goujat avaient la même vision du monde : l'un s'arrogeait le droit de me coller une main aux fesses, l'autre, celui de réagir pour moi. Dans les deux cas, c'était encore une histoire d'hommes.

Et le pire, c'est que j'aurais trouvé révoltant que mon mari ne bouge pas. Je crois bien que je lui ai dit : « En tant que femme indépendante qui déteste appeler à l'aide, permets-moi d'être très claire : tu as fait ce qu'il fallait. Merci. »

Alexia Laroche-Joubert

Elle arrive comme une fleur et on a l'impression que, quoi que la vie lui envoie, elle a décidé d'en prendre le meilleur. Sa vie est un roman : des hommes puissants, un veuvage, une orpheline, des totems d'immunité, des épreuves, des amoureux, un accident d'hélicoptère, un petit chien, un fort Boyard, des trahisons et de l'amour, toujours. Alexia Laroche-Joubert est PDG de Banijay France, Banijay étant le premier groupe de production indépendant du monde.

On dit de vous que vous êtes insubmersible, battante, une guerrière. Comprenez-vous ces qualificatifs ?
Oui, je pense que c'est l'image que je renvoie, et cela remonte au début de ma carrière. À l'époque, j'avais un treillis que je portais en permanence – honnêtement, je me demande même quand je le lavais ! Probablement la nuit, parce que je l'ai porté tous les jours pendant dix ans, je l'ai toujours d'ailleurs. Mon uniforme, c'était ça : un treillis, un gros pull et des baskets. La féminité était reléguée au second plan, je m'étais mise en état de guerre. Peut-être que j'avais besoin de ça pour dépasser certaines choses. Ou peut-être que c'était dans mes gènes, étant la fille d'une grand reporter de guerre. Finalement, cette tenue de combat faisait partie de mon héritage familial.

Vous êtes née dans un milieu aisé, avec un nom, un réseau, une route toute tracée. Ce tableau est-il aussi idyllique qu'il en a l'air ? Avez-vous dû vous battre ?
Il y a une part de vérité : je suis née dans un univers où les médias étaient omniprésents, comme dans certaines familles de musiciens où l'on devient violoncelliste de génération en génération. Grandir dans cet environnement m'a donné des repères, des codes ; cela facilite les choses. J'ai eu la chance qu'on me mette le pied à l'étrier – pour reprendre une expression équestre qui m'est chère – mais encore faut-il tenir en selle ! C'est là toute la difficulté des « enfants de » : soit on croit tout savoir, et on tombe dans le dilettantisme ; soit on doit prouver qu'on mérite sa place, sous le regard de ceux qui attendent la chute. J'ai choisi de m'accrocher fermement au pommeau.

Donc vous avez dû vous battre avec votre treillis ?
Oui, d'autant plus que j'ai toujours été attirée par des projets jugés impossibles. Lorsque tout le monde disait « ce n'est pas faisable », cela me donnait encore plus envie d'y arriver. Ce défi m'animait. Les personnes qui m'ont engagée voyaient en moi une sorte de tank : elles ouvraient la porte, et moi, j'arrivais derrière avec la rage au ventre.

Vos parents ont eu un seul enfant ensemble ?
Oui, mais ils ont aussi eu beaucoup d'enfants ailleurs !

Sont-ils restés longtemps en couple ?
Environ quatre à six ans, je ne sais pas exactement. Mais je me souviens du désespoir de mon père, seul dans un petit studio, après leur séparation. Qui a quitté qui ? Ça, c'est une question sans réponse.

Votre père, un grand publicitaire, a connu un revers de fortune.
Oui, il vivait au-dessus de ses moyens, refusant de voir la réalité en face. Il avait grandi dans un monde privilégié, cuillère en argent dans la bouche et voulait en conserver l'image. Enfant, j'étais dans le déni. Ce n'est qu'à trente ans que j'ai pris conscience de sa fragilité et de sa dépendance à mon égard. Avant cela, je n'avais pas les moyens d'agir. À la fin de mon passage chez Canal+, j'ai touché un peu d'argent. Je lui ai tout donné et… il a acheté une bague à ma belle-mère avec !

Votre enfance a-t-elle été marquée par ce divorce ?
Non, parce que mes parents s'adorent. Ils s'appellent trois fois par jour depuis leur séparation. Si je cherche mon père, j'appelle ma mère, et inversement. C'est d'ailleurs un problème, cette super entente entre eux car quand ils sont ensemble, ils se liguent contre moi !

Avez-vous eu une enfance solitaire ?
Oui. Ma mère était souvent absente, mon père absorbé par sa carrière mais j'ai toujours ressenti un amour inconditionnel de mes parents. À un moment, ma grand-mère a pris le relais et je me suis retrouvée dans les Pyrénées avec pour seuls camarades des animaux ; depuis, j'ai du mal avec la solitude.

Et donc, vous avez trouvé des parades ?
Oui. Par exemple : l'appartement de mon père donnait sur une cour et une barre d'immeuble, et je passais des heures à observer les autres vivre. Je crois que mon amour pour la téléréalité vient de là, de ce besoin de regarder les vies des autres.

Vous avez été solitaire, mais vous êtes une femme solaire, très sociable.
Comme beaucoup de gens qui ont connu la solitude, je ne suis pas une solitaire. Petite, j'étais méfiante, presque hostile. Mais ce manque m'a poussée vers les autres : j'ai une vraie curiosité pour l'humain. Et puis, je crains toujours de rater quelque chose. Mon rêve ? Avoir un avatar doté d'intelligence artificielle qui pourrait aller à ma place à une soirée, au théâtre, au travail… ou même à New York !

Dans les années 1990-2000, faire son chemin dans les médias, pour une femme, était-ce un parcours de combattante ?
Oui, mais quand les hommes décident de vous prendre sous leur aile, ils sont très protecteurs. J'ai eu des rencontres précieuses : Philippe Thuillier, Marc-Olivier Fogiel, Stéphane Courbit, dont je suis toujours le guéridon à l'entrée de l'appartement !

Stéphane Courbit, c'est l'homme de votre vie, en quelque sorte ?
En fait, je me rends compte que j'ai toujours été fidèle… mais plutôt en CDD ! Avec lui, j'ai signé un vrai CDI.

En tant que femme, vous dites ne pas avoir le souvenir d'avoir été particulièrement maltraitée ?
Non, parce que je ne me suis pas posé la question. Je fonctionne beaucoup par déni. Et puis, je suis la fille d'une femme qui a fait exploser le plafond de verre : reporter de guerre dans un monde d'hommes, mon baromètre était faussé. Je n'ai pris conscience de certaines choses que tardivement. Quand vous êtes cheville ouvrière, vous ne voyez rien. Mais quand vous arrivez aux postes stratégiques, ça crève les yeux : on remet en cause votre capacité à diriger, simplement parce que vous êtes une femme.

Une grande journaliste me racontait : « En réunion, quand je propose une idée, on me répond : "Oui, d'accord", ce qui veut dire : "Bien sûr que non". »
Oui. Beaucoup l'ont vécu. Moi, j'ai eu la chance d'être vite responsable : quand vous menez un projet, vous avancez. Bien sûr, j'ai croisé des hommes persuadés que sous prétexte que j'étais une femme, j'étais une proie. Mais je n'ai jamais été plaquée contre une porte. Mon milieu et mon caractère m'ont protégée et je n'ai pas rencontré de prédateur.

Vous évoquiez plus tôt cette petite fille penchée à la fenêtre, observant la vie des autres. Vous avez été l'une des pionnières de la télé-réalité en France. Ce genre a été accusé d'abêtir la jeunesse. Avec le recul, quel regard portez-vous sur tout ça ?
Je ne suis pas du tout d'accord avec cette idée d'abêtissement. C'était un divertissement, l'équivalent d'*Hélène et les garçons* pour une autre génération. D'ailleurs, à l'époque comme aujourd'hui, si vous entrez dans une classe et demandez qui veut devenir star de télé-réalité, personne ne lève la main.

Vous ne croyez pas à l'influence de ces figures auprès des jeunes ?
Sur l'apparence, peut-être, comme les starlettes des années 1950. Mais on dramatise trop. En revanche, je regrette d'avoir été aussi jeune et inexpérimentée face au raz-de-marée que ça a été. J'aurais sans doute mieux accompagné certains candidats.

Comme Loana ?
Oui et non. Son mal-être ne vient pas de nous, mais de son passé : quand on vous répète toute votre enfance que vous êtes une pute, à un moment vous finissez par le croire. Avec l'expérience d'aujourd'hui, j'aurais mis en place des garde-fous.

Vous aviez trente ans à cette époque-là. Quelle a été votre réaction quand vous avez vu Loana et Jean-Édouard faire l'amour dans la piscine? Parce que vous étiez là, vous étiez derrière?
Oui, j'étais derrière les vitres sans tain. Et j'ai prononcé une phrase qui est probablement aussi dans ma logique de déni. Je me demande si ce n'est pas un genre chez moi, enfin un vrai syndrome. J'ai dit : « Il faut changer l'eau de la piscine. »

Pragmatique, en tout cas! Vous êtes aussi diplomate, mais vous arrive-t-il de taper du poing sur la table pour imposer votre décision?
Non, ce n'est pas mon style. J'écoute beaucoup, mais je fais en sorte que la décision que j'avais en tête soit celle qui s'impose. J'étais plus excessive plus jeune, mais aujourd'hui, plus du tout.

Vous êtes donc intuitive et adaptable?
Adaptable, oui, mais aussi rationnelle. Je prends des risques mesurés, en gardant en tête mes responsabilités : une entreprise, des équipes, des actionnaires.

Votre plus grande honte?
Ma dyslexie. Je suis dysorthographique, j'ai appris à lire et à écrire à onze ans. Il y a quelques jours encore, je ne savais plus comment écrire « dessus », j'ai caché le mot avec mon crayon… Quand je dois écrire dans un livre d'or, c'est la panique! Un complexe, on a beau l'enrober, il reste ancré. Un jour, j'ai envoyé un mail à Stéphane Courbit, il m'a rappelée : « C'est un avocat qui l'a écrit? » – « Pourquoi? » – « Parce qu'il n'y a pas de fautes! »

Votre plus grand regret professionnel ?
Comme beaucoup de femmes, je portais en moi le syndrome de la bonne élève : on attend qu'on reconnaisse notre travail, qu'on nous donne un bon point. Les hommes, eux, ont développé, au fil des siècles de négociation, l'habitude d'aller chercher ce qu'ils veulent. Nous, on se dit : « Il ne va pas me faire cet affront. Il va reconnaître la valeur de mon travail de lui-même. » Mais pas du tout, ça ne se passe pas comme ça ! Et après, on pleure. Résultat : je suis passée à côté d'énormes opportunités. J'ai attendu au lieu de prendre.

Le conflit, vous le gérez ? Ça ne vous effraye pas ?
Ah non alors ! Je n'aime pas ça, mais je n'en ai pas peur. Je me débrouille pour être dans une position où se fâcher avec moi est un problème.

Ah, c'est bon, ça !
C'est une autre manière d'envisager le pouvoir. Oui, c'est bien. C'est très bien, même.

Vous êtes une amoureuse, croyez-vous toujours en l'amour ?
Je pense que ma boussole s'est cassée à la mort du père de ma fille. Mais heureusement j'ai trouvé tout récemment un phare pour me guider.

Vous aviez trente-quatre ans, votre fille venait de naître, et on vous annonce qu'il a eu un accident de moto… Vous souvenez-vous de ce coup de fil ?
Je n'éteins jamais mon portable. Ce soir-là, inexplicablement, il était éteint. À 23 heures, je parle à Yann, il part à une fête, on doit se retrouver plus tard. Puis on sonne à ma porte. Quand j'entends : « C'est Stéphane et Sophie », je sais instantanément que Yann est mort. Je pense souvent à eux, à ce moment où

ils ont dû appuyer sur l'interphone pour m'annoncer l'impensable. Ils ont été incroyablement chaleureux. Et moi, j'ai pris un quart de Lexomil.

Vous êtes une résiliente, comment avez-vous tenu ?
Parce que je savais qu'il y a pire : perdre un enfant. Et surtout, et ça, je ne l'ai jamais dit : j'ai su immédiatement que j'aimerais à nouveau.

C'était une évidence ?
Un mois avant, je regardais des annonces d'appartements avec deux chambres, sans comprendre pourquoi. La veille de sa mort, je lui dis : « Tu vas me quitter, dis-moi qui c'est. » Évidemment, je ne pensais pas à la mort, mais j'avais cette intuition. Malgré tout, le choc est un tsunami. J'ai fait le deuil de l'homme que j'aimais, mais jamais celui du père de ma fille. Moi, je savais que je « ré-aimerais » et la vie m'a donné raison. Mais pour elle, je ne pourrai jamais lui trouver un père. J'ai eu des hommes qui l'aiment, mais ce ne seront jamais un père. C'est pour ça qu'il faut respecter les pères, ils sont essentiels.

Vous avez été trahie. Et vous, avez-vous déjà trahi ?
Non. Ma mère, grande amoureuse et pas toujours fidèle, me disait : « Tu n'as pas le temps d'être infidèle. » Peut-être que c'est juste ça !

Vous avez surmonté la trahison ?
Oui, ça a été très dur avec mon deuxième mari. Je lui ai dit : « Faire ça à une femme, c'est violent. Mais à une veuve et à une orpheline, c'est atroce. » J'avais l'impression de reconstruire une famille et puis tout s'est écroulé. Je me suis retrouvée à nouveau seule avec deux petites filles. Là, je me suis dit : « Putain, j'ai un mauvais karma sur ce sujet. »

Votre mère vous a manqué, enfant?
Non.

Et vous, avez-vous manqué à vos filles?
Je crois que je leur ai interdit de l'exprimer. Un jour, ma fille m'a dit quelque chose à ce sujet, et je lui ai répondu : «Je t'interdis de dire ça. C'est ma vie, c'est comme ça que je vous nourris et que je suis heureuse.»

Quand elles vous ont dit souffrir de votre absence, vous leur avez répondu : « C'est comme ça. » C'est un peu rude, non?
Oui, et je l'assume. Ma plus jeune, à seize ans, a commencé à me dire que je sortais beaucoup. Là, j'ai entendu, j'ai annulé mes dîners. Mais avant, non. J'ai été dure : j'avais une famille à charge, dont mon père. Je ne voulais pas être entravée. La liberté est essentielle pour moi, personne ne m'entrave. J'ai quitté une société après treize ans, sans chômage, sans rien. Je n'ai pas peur, je sais que je me débrouillerai toujours, j'ai confiance.

Vous n'avez pas de nostalgie, pas de regrets?
J'aurais voulu une troisième fille. J'ai proposé une GPA à l'homme qui partage ma vie, qui est merveilleux. Il a refusé. Il m'a dit : «À 9 heures, tu vas me dire : "La liste de courses est là, tu la déposes à la crèche, tu la récupères à 16 heures."» Imparable! Je ne pouvais pas lui imposer ça.

Vous n'êtes pas nostalgique?
Non. J'ai toujours besoin de projets. Mais avec l'âge, je fais plus attention à ceux que j'aime. Mon père, par exemple, je le vois chaque semaine, je l'appelle tous les jours – sinon, il me fait croire qu'il est à l'hôpital! Mais je refuse d'être bloquée. Mon compagnon l'a compris, même si ce n'est pas simple.

Construire une relation avec une femme qui travaille autant, ce n'est jamais évident.

Qu'aimez-vous chez les hommes ?
Ça a changé. Aujourd'hui, il faut qu'ils me fassent rire. Je dis à mes filles : « On ne m'a jamais appris que l'humour était essentiel dans un couple, pourtant, c'est fondamental. »

Plus que l'admiration ?
Oui. J'ai besoin de voir l'incroyable humanité d'un homme. Mon troisième mari était chirurgien. C'est ça qui me bouleverse. J'ai su que j'étais amoureuse quand j'ai vu la profondeur de son regard pour un de ses patients âgés. C'est l'humanité des hommes qui m'accompagne et que j'admire. Donc : l'humanité, l'humour… et un peu de charme quand même !

La vie de couple, un défi pour vous ?
Totalement. C'est la première fois que je vis avec quelqu'un. Avant, soit ils mouraient trop vite, soit ils me trompaient trop vite. Alors je lui ai dit : « Tu veux emménager avec moi ? Je te préviens, c'est chaud ! » Et puis, six mois sur douze, il n'est pas là, en raison de son métier. Peut-être que je n'ai pas encore suffisamment d'expérience de couple longue durée pour avoir un avis là-dessus !

Je vais vous demander quatre mots que vous pensez importants pour bien vivre sa vie.
Le silence, que je ne connais pas. La liberté. Le pouvoir. Parce que le pouvoir donne la liberté. Je pense que les deux sont assez liés.

Le pouvoir ou l'argent ?
Non, pas l'argent, je m'en fous complètement. Ça n'a jamais été un *drive* chez moi. Non, le pouvoir. Le pouvoir de dire « non », le pouvoir de dire « oui », le pouvoir de partir. Pour moi, c'est très important. Et comme tout le monde, je pense que l'amour…

C'est sûr. Vous êtes l'amoureuse !
Et il y a aussi les gens. Cette curiosité insatiable que j'ai envers les gens et qui me nourrit beaucoup… En fait, le vrai mot, le quatrième mot, ce n'est pas « les gens », c'est « l'intime ». L'intime me passionne. Mais vous aussi, vous auriez pu le dire, sinon vous ne seriez pas en face de ce micro.

Les femmes dans le milieu exquis des médias… Quand Alexia est partie, certaines me sont revenues en mémoire.

Parmi les défricheuses des générations précédant celle d'Alexia, quelques-unes, certaines – pas toutes – ont cru que, pour survivre dans ce monde hostile de l'audiovisuel, animé et dominé par des hommes, il fallait virer virago.

C'est l'une d'entre elles qui débarquait là, dévorée d'ambition, brutale, grossière, flattée, une grosse poule qui se rengorge. Avec ce rire énorme qui fracassait les cloisons antifeu, elle commençait par faire le tour des collaborateurs pour les inviter un par un. Elle les poussait, dans le secret de la confidence, à parler de l'entreprise et à s'exprimer sur les « axes d'amélioration » (c'est comme ça qu'elle appelait les problèmes). Donc chacun déblatérait sur son voisin et au bout d'une semaine, personne ne pouvait plus se blairer. Elle réussissait ce qu'elle croyait comprendre du rôle du manager : diviser pour régner, et se trouvait à la tête d'une petite cohorte pleine de rancœur.

Celle-ci arrivait aux réunions en retard, systématiquement. Là encore, une technique managériale très au point pour rappeler qui est la patronne. Pas un mot d'excuse. On l'attendait. Des heures, peut-être. Et quand elle finissait par surgir, impériale, l'assemblée, bien lasse, se faisait rouler dessus sans mot dire.

« On pensait faire ça comme sujet. »

Yeux au ciel.

« Ça ou autre chose.

– Plutôt autre chose, alors. »

Une autre encore : « Stéphanie, tu n'arriveras à rien habillée comme ça. Que veux-tu, je dirais que, malheureusement, l'habit fait le moine de nos jours et qu'avec ton physique, sur lequel évidemment tu ne peux pas beaucoup compter, il faut trouver le moyen de faire un peu élégante. Parce que tu peux avoir la plus grande intelligence, être pertinente et tout, mais quand on te regarde, on a envie d'ailleurs... » Ça n'en finissait plus. Le tout dans la même phrase, presque sans respirer et avec la tête de Glenn Close dans *Les 101 Dalmatiens*. Elle faisait tournoyer sa chevelure en riant de ses propres saillies. Quand elle se lançait dans des couplets sur le physique ou l'élégance, les autres se souvenaient de ses tenues et les comptaient pour faire passer le temps de ces réunions accablantes : de grandes jupes bariolées, à crinoline, lui ceinturaient la taille jusqu'à la faire exploser ; le lendemain, fatale, tailleur-pantalon avec un débardeur coupé dans une boule de coco géante. Il y avait aussi la robe à paniers en osier, la jupe toile d'araignée, le pantalon de jockey avec un pull en mohair dont chaque brin de laine ressemblait à un doigt qui se dressait. Elle mettait des couleurs qui se cherchaient mais ne s'étaient jamais trouvées. Rien à redire si ce n'est que les équipes s'en prenaient tous les jours plein la figure.

Et cette productrice qui, en réunion, envoyait des messages. Au départ, les gens pensaient qu'elle traitait ses dossiers. En fait, elle écrivait des textos aux différentes personnes présentes pour se moquer du reste de l'assemblée et faire des commentaires qu'elle croyait drôles. Elle tapait extrêmement vite sur un petit téléphone basique, puis balançait son message, contente d'elle. Elle fixait alors le malheureux récipiendaire et attendait sa réaction : il devait lire et s'esclaffer ou lui faire un petit signe marquant l'adhésion, l'admiration. Sinon, elle le toisait, déçue, en disant : « Ce n'est vraiment pas le moment de regarder ton portable. Ce que les gens peuvent être incorrects, tout de même. Je me demande si je ne vais pas interdire les portables en réunion. » Elle érigeait l'injonction contradictoire et le mensonge en principe du vivre-ensemble, et les équipes devenaient folles.

Souvent, ces viragos étaient très dures avec les autres femmes. Comme si, dans la jungle où elles tentaient d'exister, on leur avait appris à passer des deals avec les hommes, mais que cohabiter avec leurs propres congénères était un truc trop compliqué. La poule qui a trouvé le couteau.

Parfois donc, les femmes, ce sont des hommes en pire : le pompon. À celles-là, les mots de Madeleine Albright : « *There is a special place in hell for women who don't help each other.* » Il y a des femmes misogynes, c'est fascinant.

Il y a aussi les incompétentes. La prophétie de Françoise Giroud se réalise doucement : on trouve désormais des femmes pas toujours capables à des postes importants. Toujours moins que des hommes, notez bien, mais quand même, la courbe est vaguement exponentielle. Ça prend la vie des rats, l'égalité, même pour les nulles.

Et puis, il y a les grandes professionnelles : celles qui respectent, stimulent et honorent de leur confiance. Celles qui disent : « Merci, c'est une bonne idée, prends ton après-midi si ton petit n'est pas bien. » Elles savent emmener les autres derrière elles. Elles sont des femmes de pouvoir, mais elles trouvent le moyen de l'immerger dans leur féminité, de prendre des chemins de traverse ou plutôt d'inventer une autre voie. Leur compétence et leur intelligence changent tout. Avec celles-ci, quand elles prennent les choses en main, on touche les étoiles.

Mercedes Erra

Elle parle vite, clair sans détour, Mercedes Erra est une femme qui trace et qui construit. Arrivée en France à six ans, archi-brillante à l'école, déçue par l'enseignement, elle entre dans la pub avec la rage douce de celles qui veulent faire plus grand que ce qu'on leur promet. Cofondatrice de BETC, une des plus belles agences du monde, elle est lucide, Mercedes Erra : elle a très tôt compris que rien ne tombait du ciel, surtout pas pour les femmes. Alors elle dit : « Il faut des quotas, nous ne sommes qu'au début du chemin. » Bref, pour les femmes, elle cherche à faire de la terre le plus bel endroit du ciel, à l'envers du slogan que BETC a créé pour Air France : faire du ciel le plus bel endroit de la terre…

Ce qui revient toujours quand on parle de vous, c'est votre ténacité. Elle vient d'où ?
Peut-être de l'immigration : à six ans, ma vie a basculé. Avant, j'étais une adorable fillette, jolie, bien habillée, choyée, dans une famille de petite bourgeoisie catalane. Et puis, mon père a connu une faillite. Il est venu en France, seul, pour repartir de zéro. Un an plus tard, ma mère, mon frère et moi l'avons rejoint. C'était le 25 décembre. Il n'y avait pas de chauffage dans la voiture, on grelottait. Je me souviens m'être demandé :

mais pourquoi a-t-il choisi le pôle Nord? J'arrive en France sans parler un mot de français... ni d'espagnol, en réalité. Je parlais catalan, et personne ne m'avait prévenue que ce n'était pas l'espagnol. J'étais furieuse. Et puis, la France me paraissait grise, fermée, froide et les gens pas très gais. C'était un monde qui ne nous attendait pas.

Et votre mère?
Elle a fait une dépression à l'arrivée. Je ne sais pas si elle était légère ou profonde, j'étais trop petite. Mais j'ai senti qu'il fallait que je prenne la maison en main. Alors, trop petite pour atteindre l'évier, je montais sur des chaises pour laver la vaisselle, j'ordonnais les choses. Ma mère était une femme brillante, drôle, fantasque, très belle, une vraie Ava Gardner. Elle avait fait des études de comptabilité – ce qui était rare à l'époque – mais elle n'avait pas pris sa vie en main. Mon père ne voulait pas qu'elle travaille, alors elle s'est enfermée dans un quotidien un peu décousu. À la maison, rien ne tournait rond : les tenues posées partout, les sandwiches donnés trop tard pour l'école, la vaisselle du soir... J'ai grandi dans ce désordre. Et très tôt, j'ai compris que je ne voulais pas de cette vie-là. Et ça ne m'a jamais quittée.

Vous vouliez être celle qui partait travailler, comme votre père?
Exactement. Mon père, lui, sortait, costume sur le dos, travaillait, montait les échelons. Il est devenu directeur. Et moi, j'ai décidé que je serais de ceux qui s'en vont le matin, de ceux qui sortent, qui travaillent, qui construisent. Mais j'ai aussi hérité de cette responsabilité diffuse : quand quelque chose allait mal, je pensais que c'était à moi d'agir.

Et vous avez plongé dans la langue française.
Oui. C'était une langue magique : la langue de l'intégration. Ma mère écoutait France Inter, les discours de Pompidou, et moi, j'étais fascinée. Je me souviens d'avoir entendu de Gaulle prononcer : « Vive le Québec libre ! » et je m'étais dit : « Mais il est fou, c'est formidable ! Il n'a pas de limites ! » La langue m'a tenue debout. J'ai voulu être prof de français, c'était le sommet, pour moi.

Et vous voilà en hypokhâgne, puis en khâgne…
Des années dures. À Fénelon, les classes préparatoires étaient l'élite, mais on vous le faisait payer. J'ai commencé pleine d'énergie, et j'ai fini amaigrie, vidée : je prenais tout pour moi, j'étais très primaire. On me disait que je ne serais jamais Proust, je le croyais, et cela m'affectait. C'est sans doute féminin, aussi, cette façon de s'accuser, de tout encaisser. Mais j'ai tenu, j'ai passé le CAPES et puis j'ai enseigné.

Mais là encore, vous êtes déçue ?
Je voulais faire plus. Comprendre pourquoi on ne parlait pas entre profs, pourquoi l'élève était seul face au savoir. Je trouvais qu'il fallait payer les gens au mérite : ceux qui s'engageaient vraiment pour les enfants méritaient davantage. Bref, ça a été une déception. Alors j'ai passé HEC en candidate libre. Et là, j'ai découvert un autre monde : ils allaient tous aux sports d'hiver, dînaient dans les bons restos, fréquentaient les rallyes. Moi, je débarquais de nulle part mais HEC m'a donné une chose précieuse : la confiance. On m'avait cassée, pendant mes années de prépa, et là on me soutenait que j'étais brillante. Il faut dire aux jeunes qu'ils vont réussir. En France, on les décourage, c'est terrible.

Et vous tombez amoureuse de la publicité!
Complètement! J'ai fait un stage, sans grande conviction, et en trois semaines j'ai su que c'était ça! J'avais enfin trouvé un métier qui convoquait tout ce que j'aimais : la psychologie, la sociologie, la littérature. Et très vite, on m'a refilé un projet dont personne ne voulait : un rasoir féminin. Zéro budget. J'ai bossé comme une dingue. J'ai lu tout ce qui existait sur les poils. Puis j'ai organisé moi-même des groupes qualitatifs – avec les filles de l'agence! Et j'ai compris à quel point le poil était politique. En partant de rien, on tombait sur la question de l'identité féminine. C'était passionnant.

Vous entrez chez Saatchi & Saatchi en stage, vous en devenez patronne.
Oui. J'allais vite, je travaillais énormément, mais sans le vivre comme une souffrance, parce que j'adorais ça. Et j'avais ce sens aigu de la responsabilité. Je croyais que tout était de ma faute. Une secrétaire allait mal? Je voulais régler le problème. Le patron se moquait de moi : « C'est quoi cette stagiaire qui se sent responsable de tout? » Et cela m'a portée. Parce qu'à force d'être responsable, on me confiait tout, donc je suis devenue patronne. J'ai toujours su que diriger, ce n'était pas tout analyser puis hésiter à l'infini. Non. On récolte les données, on réfléchit… puis on choisit. Il faut avoir l'intuition d'un chemin. Pas cinq. Un seul. Et le courage de s'y tenir, comme en politique. Le *en même temps*, ça ne marche pas. Mais pas du tout…

Et un jour, vous cofondez BETC.
Oui… Rémi Babinet et un autre associé m'ont proposé de fonder BETC. J'ai quitté Saatchi en pleurant, mais avec cette idée que nous avions une chance de créer en France une agence puissante, qui se tienne face aux groupes anglo-saxons. La

création française, pour moi, ça avait du sens et tout s'internationalisait… Je voulais monter une agence française, sauver la pub française… comme de Gaulle avait sauvé la France (rires) !

Mais un jour, vous découvrez que vos associés ont reçu des actions et pas vous…
Oui. Deux ans après avoir monté BETC, je tombe sur une ligne étrange dans les comptes. C'étaient des actions gratuites, partagées entre eux deux. J'ai demandé des explications. Ils ont répondu que c'était *en haut* que ça avait été décidé. Alors je suis montée voir *en haut* et j'ai dit : « Soit vous me donnez autant, soit je pars », et ils ont cédé. Après, plus de problème. Mais pourquoi n'y avaient-ils pas pensé ? Parce que les femmes, même performantes, même incontournables, restent trop souvent invisibles dans les réflexes masculins. Ce n'est pas forcément de la malveillance. C'est un angle mort.

Vous vous êtes toujours battue pour les femmes.
Parce que je les vois encore empêchées. C'est pour ça que je défends les quotas.
Dans mon agence où pourtant l'attention aux femmes est grande, elles ont dix points de plus que les hommes sur l'échelle du stress, à poste égal. La cause est simple : elles enchaînent, sans cesse. Elles portent la charge mentale : la maison, les enfants, les parents, elles ramassent ce qui traîne, pensent à tout. Moi-même, pourquoi est-ce que je fais ça en rentrant, et pas mon mari ? C'est ancré. C'est archaïque. Il faut déconstruire et se battre : on est à peine au début du chemin. Et puis, dans le milieu professionnel, elles n'osent pas demander d'argent. Moi, quand j'ai commencé à gagner ma vie, je trouvais même ça sympa qu'on me paie pour faire ce qui me plaisait, c'était fou ! C'est pour cela qu'il faut leur dire : demandez. Allez-y. Négociez.

Vous vous battez, vous l'avez dit, depuis longtemps pour les quotas.
Évidemment ! Sans quotas, il ne se passe rien, l'égalité est en panne. Regardez les conseils d'administration : il n'y avait pas de femmes ; on met des quotas, et tout d'un coup il y en a ! Ils sont indispensables. On m'a longtemps dit de ne pas en parler, que ça faisait peur à tout le monde, y compris aux femmes : un comble ! Les hommes ont mis des quotas – à 100 % masculins – pendant des siècles et ça ne posait de problème à personne. Moi, si j'étais là grâce à un quota, ça ne me dérangerait pas. Je suis là, c'est tout, et je fais bien mon boulot.

Pourquoi les femmes manquent-elles tant de confiance en elles ?
Parce qu'on ne leur a pas appris à en avoir. On les a éduquées dans la contrainte, la petitesse. Dans des jupes serrées, des chaussures mignonnes qui empêchent de courir, dans la cour elles jouent à la marelle : ces petites cases où il faut sauter sur un pied ! Alors que les garçons, tout petits, on les lâche sur un terrain de foot immense : « Vas-y, débrouille-toi ! » Voilà comment on construit la confiance. Il faut que ça change. Et ça commence à l'école, dans la cour, nous dit Édith Maruéjouls, où la plus grande place va aux garçons et à leurs jeux de ballon. Et surtout, il faut parler, témoigner et transmettre. Quand je suis devenue présidente d'HEC Alumni, j'ai failli fuir : il y avait, au sein du groupement « femmes », toute une dramaturgie autour du premier enfant : « Comment on va faire ? », « Est-ce que je vais pouvoir continuer ? » Je ne comprenais pas ces angoisses, moi je n'avais pas le luxe de me poser ces questions-là. Et puis j'ai compris que je ne pouvais pas simplement leur dire que c'était absurde : il fallait répondre, témoigner, dire que oui, j'avais eu des difficultés, que oui, je travaillais plus que Maurice Lévy, et que non, le dîner ne se faisait pas tout seul quand je rentrais.

Et cette idée que les femmes sont plus dures entre elles ?
Je ne suis pas d'accord : j'ai toujours aidé les femmes, et elles me l'ont rendu. Mais il faut avoir un esprit de générosité, ne pas être jalouse, ne pas entrer dans les règles des hommes. Il y a une violence structurelle, bien sûr, mais entre femmes, on peut créer autre chose.
On m'avait prévenue, à l'agence : certaines femmes clientes préfèrent travailler avec des hommes. J'ai répondu : « Chacun ses problèmes, elles auront une femme. » Et j'ai tenu. Je ne suis jamais entrée dans la jalousie, dans la comparaison. Et je pense que la sororité, aujourd'hui, monte. Oui, il faut des réseaux féminins. Parce que quand vous êtes seule femme perdue dans une salle pleine d'hommes, vous ne savez plus quelle attitude adopter. À deux, à trois, cela commence à changer. Entre femmes, on retrouve du souffle, de la voix, de la mémoire. Et par ailleurs, vis-à-vis des hommes, je crois à la mixité, à l'équilibre. Pas à la revanche.

Vous avez reçu la Légion d'honneur ?
Quand j'ai reçu la Légion d'honneur, j'ai découvert… qu'on pouvait la demander, et je n'en suis pas revenue ! Je ne savais même pas que ça se faisait. Mais les hommes, eux, le font naturellement, ils demandent tout. Les femmes, elles, attendent qu'on vienne les chercher. On ne leur a jamais appris à lever la main. Moi, je porte mes décorations : Légion d'honneur, Arts et Lettres, Ordre national du Mérite. Et je suis toujours sidérée de la manière dont certains hommes s'en moquent. Un jour, un homme s'est approché de moi et m'a dit : « C'est quoi, ces bonbons ? » Vous imaginez quelqu'un dire ça à un homme ? Ce que ces médailles représentent est effacé d'un revers de phrase, comme si une femme décorée était grotesque. Alors je continue de les porter, ce n'est pas une futilité, un caprice, c'est une reconnaissance.

Vous avez élevé cinq garçons. Votre mari a arrêté de travailler. Un choix peu courant.
C'est lui qui a décidé. Il est très différent de moi : il aime le divertissement, moi, le travail. Mais il a une vision magnifique de la réussite des femmes et il m'a toujours soutenue. Et psychologiquement, c'était précieux qu'il soit là. Mais l'équilibre n'était pas parfait : il ne travaillait pas comme une femme l'aurait fait. Je continuais à tout organiser, avec deux nounous géniales… Les papiers, les impôts, les enfants. Je ne suis pas une mère patiente, je ne jouais pas beaucoup mais j'ai mis un cadre, un ordre absolu : tous les crayons devaient être taillés, les sacs prêts, les dossiers rangés. Et j'allais me battre à l'école quand on critiquait mes enfants. J'étais là. Et pour moi, c'était ça, être mère : organiser, protéger, structurer. Je n'ai jamais cessé d'être la colonne vertébrale. Un petit escargot avec sa maison sur le dos.

Et vos fils ?
Ils sont extraordinaires. Ils m'ont surprise. L'un m'a écrit : « Je ne peux pas accepter les propos sexistes de mon ami. Je suis ton fils. » J'étais bouleversée. Ils sont intelligents, sensibles. Mais ils ont aussi vécu cette différence : une femme qui réussit, c'est plus compliqué qu'un homme qui réussit, et c'est regardé très différemment. Et aussi le fait que le relais familial était leur père et que ce n'est pas la même chose. Quand leur père arrivait à l'heure des mamans, c'était renvoyé sur eux. Et parfois, ils me racontent leur enfance, leurs ressentis et je découvre qu'ils ont quand même subi cette différence. Je les comprends complètement, je les écoute et je les aime.

Vous n'avez pas de regrets ?
Bien sûr que si. Peut-être que j'aurais pu faire mieux avec mes enfants. Être plus là. Mais je ne voulais pas renoncer. Et je ne

crois pas que j'aie raté : dès qu'ils ont un souci, c'est à moi qu'ils pensent, c'est tout ce qui compte.

Quatre mots pour bien vivre sa vie ?
Alignement. Faire. Courage. Empathie.

Après cet échange avec Mercedes, je ne peux m'empêcher de vous livrer un florilège de ce que j'ai vu et entendu sur les femmes et le travail.

Sur un plateau, un puissant producteur de gros prime time : « Le cadre est vide derrière l'animateur, mettez-moi trois ou quatre salopes derrière lui. » Sans commentaire.

Les managers cherchent des femmes... alors les hommes disent : « Ce n'est pas pour moi, parce qu'ils cherchent des femmes. » Ou mieux, cette phrase inouïe : « On sait bien qu'elle est nulle, mais on ne peut pas la virer : c'est une femme. » Et les types se regardent, goguenards ou accablés. Finalement, au fond, c'est toujours plus ou moins étrange d'être une femme et de travailler.

Certaines entreprises poussent ce bouchon assez loin : à la fin de l'année, si des patrons, des managers ont nommé des femmes, ils sont bonifiés. C'est un de leur objectif annuel, parce qu'apparemment ils n'y pensent pas tout seuls, on doit les stimuler. On rajoute une couche d'inégalités et d'humiliations sous couvert d'éthique et de responsabilité de l'entreprise.

Les femmes ne sont pas toujours encouragées. J'en vois des malmenées, des pas reconnues partir sous d'autres cieux alors qu'elles sont de valeureux soldats, de remarquables atouts, intelligents et précieux. Les seules fois où l'on se précipite sur elles, c'est quand la situation est désespérée. On appelle ça la « falaise de verre »... Par conséquent, des femmes sont nommées à des postes de direction quand le risque d'échec est quasi garanti. Et quand il survient, la malheureuse est tenue pour responsable et le stéréotype sur la prétendue incapacité à diriger des femmes s'en trouve renforcé. CQFD.

Je pense à mon amie Vanessa : quand elle va voir sa banquière et qu'elle n'est pas contente, Vanessa demande à parler « au directeur ». La patronne de l'agence, avec qui elle est en train de s'étriper, lui répond : « C'est moi la directrice. » Mais pour Vanessa, ça ne passe pas : celui qui a le pouvoir de décision *in fine* doit être un homme. Beaucoup (de femmes) pensent encore comme Vanessa.

Je songe aussi avec tendresse à une autre de mes amies : elle n'est entourée que par des hommes, beaucoup moins bons qu'elle, vraiment. Elle a pourtant adopté une stratégie (dont je me dis que ce n'est pas la bonne) : elle appelle ça « faire sa blonde ». Pour ne pas avoir à se justifier des heures auprès d'une troupe aussi pléthorique que médiocre, elle prend le parti d'être la Marilyn de la bande, les yeux écarquillés, le doigt sur la commissure des lèvres, « oups, poupoupidou ». Les mecs n'y voient que du feu et elle fait ce qu'elle veut, comme elle veut. Je connais son esprit et sa compétence et je regrette ce subterfuge. Mais l'exposition de sa grande intelligence la rendrait vulnérable, c'est vrai, parce qu'elle aurait aux fesses une meute de cossards, uniquement préoccupés de conserver leur place et leur prébende. J'ajoute ici, à toutes fins utiles, que le QI de Marilyn (168) est supérieur à celui d'Einstein.

Dans le monde merveilleux du business et de la start-up nation, les femmes s'en prennent plein la figure : Mercedes Erra, à qui on ne donne pas d'actions, ou plutôt on lui planque le fait qu'on en a filé aux mecs. La lâcheté en cravate.

Ce que je préfère, je crois, c'est lire les communiqués des entreprises, nominations ou réorganisations : Pierre Truc part ici ; Azziz Truc devient donc cela, avec, sous sa responsabilité Jérôme Truc, Tran Truc, Thomas Truc, Aboubakar Truc, Jean-Philippe Truc, Guillaume Truc, Frédéric Truc. À la technique, c'est Michel ; le light jockey, c'est Momo ; on monte sur les tables, on lève les bras bien haut, allez c'est parti ! Nous souhaitons tous nos vœux de réussite à Azziz, Jérôme, Tran, Thomas, Aboubakar, Jean-Philippe, Guillaume, Frédéric. Véridique. Régulier. Ça ne pose de problème à personne.

Alors qu'il est certain que seule la mixité amène au succès, comme disent Michelle et Barack. Une étude du World Economic Forum montre que 10 % de femmes en plus au Parlement, c'est près d'un point de croissance supplémentaire. Dans l'économie, même logique : les entreprises qui comptent des femmes dans leur conseil d'administration affichent 21 % de rentabilité en plus.

Et selon une étude de McKinsey, abolir l'écart entre les genres dans le monde permettrait d'ajouter 28 000 milliards de dollars à l'économie mondiale. Oui, 28 000 milliards.

Autre chose ?

Kahina Bahloul

Kahina Bahloul est la première femme imame en France, une fonction traditionnellement dévolue aux hommes. Elle porte un islam des Lumières, moderne, fondé sur la spiritualité et la liberté intérieure. Grande, lumineuse, la peau diaphane et les yeux couleur d'orage, elle impose une présence douce et souveraine. Islamologue de formation, elle mêle exigence intellectuelle et souffle mystique. À travers son engagement, elle redonne à l'islam une voix libre, ouverte et universelle.

Votre parcours commence par un voyage…
Oui, un voyage entre deux mondes : celui du Nord et du Sud, celui d'un pays développé, la France, et d'un autre en voie de développement, l'Algérie.

Et c'est aussi une histoire de racines spirituelles.
Absolument. Mon père est kabyle, ma mère athée, ma grand-mère maternelle juive, mon grand-père catholique. Je suis le fruit de toutes les religions. Adolescente, cette pluralité m'a interrogée : fallait-il choisir ? Mais, en réalité, choisir aurait été renoncer.

Et pourtant, vous choisissez l'islam.
Oui, mais pas comme un renoncement aux autres traditions. J'ai trouvé dans l'islam une synthèse des trois monothéismes. Pas un rejet des autres, mais une continuité. L'unicité, c'est cela : comprendre que nous sommes tous reliés, malgré nos différences apparentes.

Votre livre s'intitule Mon islam, ma liberté. *Un titre presque paradoxal ?*
On le croit parce qu'on comprend mal ce qu'est l'islam profond, spirituel, mystique. Le soufisme m'a ouvert une autre voie : celle de la paix de la liberté véritable – celle qui vient de l'intérieur.

Vous êtes née en France, mais avez grandi en Algérie. Pourquoi ?
Parce que ma mère, après sa séparation, n'a pas pu me ramener en France. Le Code de la famille algérien interdit à une femme de voyager à l'étranger avec son enfant sans l'autorisation du père. Alors je suis restée. C'est la loi patriarcale qui a façonné mon destin.

Votre enfance en Algérie ?
Pleine de lumière. Les figuiers, les oliviers, les parfums. Mais aussi marquée par le patriarcat, par une misogynie ambiante. Très tôt, j'ai ressenti ce besoin vital de liberté, non seulement dans mes gestes, mais dans ma pensée.

Et cette quête de liberté vous ramène en France ?
Oui. Après une maîtrise de droit en Algérie, je reviens en France, non pas pour le travail ou les études, mais pour m'accomplir. J'avais besoin de renouer avec mes origines françaises.

Mais c'est la mort de votre père qui bouleverse tout ?
Oui, en 2009. Cette disparition m'a ravagée intérieurement. Elle a ouvert la voie à une tempête de questions existentielles : pourquoi la vie, pourquoi la mort ? Quel est le sens de notre passage sur Terre ? Y a-t-il quelque chose au-delà ? C'est dans le soufisme que j'ai trouvé mes réponses, dans cette tradition mystique d'une richesse extraordinaire. Elle m'a permis de m'apaiser, de reconstruire un sens au cœur de la douleur.

Puis il y a les attentats de 2015...
Pour moi, ce n'était pas nouveau. J'avais connu la décennie noire en Algérie. Ce terrorisme islamiste, je l'avais déjà vu de près. En 2015, j'ai ressenti une responsabilité : parler. Dire que l'islam n'est pas une idéologie de mort, mais un chemin vers la paix et la fraternité.

C'est à ce moment que naît votre engagement ?
Oui. Un islam spirituel, mais aussi féministe. Je me suis plongée dans l'histoire des femmes dans l'islam, et j'ai été frappée par la puissance de certaines figures oubliées. La première épouse du Prophète, Khadija, était bien plus qu'un nom au début d'un récit : elle était son employeuse, son mécène, sa première croyante. Elle l'a soutenu dans ses doutes, elle a cru avant tout le monde. Ce sont ces figures-là qui m'ont inspirée. L'islam des origines portait en lui une présence féminine forte, un islam féminisé et puissamment incarné. Ce n'est pas une invention moderne : c'est une redécouverte.

Vous avez peur ?
Non, je n'ai pas peur. Je suis prudente, je ne prends pas de risques inconsidérés, mais je n'ai jamais été paralysée par la peur. Ce qui me pousse, c'est le sentiment de justice.

Oui, les réseaux sociaux sont violents, désincarnés, parfois cruels. Mais dans la vraie vie, quand je vais à la rencontre des gens, je ressens autre chose : une humanité présente, une écoute, une soif de changement. Ce qui me pèse, en vérité, c'est la charge. L'attente est immense. Sur des sujets comme le mariage mixte – que l'islam traditionnel peine encore à penser –, je mesure à quel point beaucoup de femmes et d'hommes cherchent des réponses. C'est pour cela que je continue.

Votre premier prêche ?
Un moment très fort. Devant moi, des hommes et des femmes qui savaient qu'on vivait quelque chose d'historique, une forme de révolution. Mais une révolution tournée vers la construction. Il s'agit de bâtir un nouveau modèle, un islam ancré dans notre société contemporaine, capable d'accompagner les transformations sociales.

Êtes-vous une révolutionnaire ?
Peut-être. Mais plus que cela, je me sens investie d'une responsabilité. Quand on ne prend pas sa place, on laisse s'installer un déséquilibre. Le système patriarcal repose sur la peur du féminin. C'est ce déséquilibre qu'il faut corriger. Il ne s'agit pas d'avoir l'aval de ceux qui détiennent le pouvoir : ils ne me le donneront jamais. Il s'agit de tenir le cap, sans validation, avec conviction.

On vous reproche de vous être autoproclamée imame…
C'est méconnaître l'islam. Contrairement au catholicisme, l'islam ne connaît pas d'autorité centrale qui nomme les imams. La légitimité vient de la communauté, pas d'en haut. L'imamat, c'est une reconnaissance donnée par les fidèles à celles ou ceux qui incarnent une connaissance, une sagesse,

un engagement. Je n'ai rien imposé, j'ai simplement répondu à un appel.

Votre première prière rituelle?
Une prière mortuaire dans un cimetière de banlieue parisienne. Je craignais la réaction des hommes présents. Et pourtant, à la fin, ils sont tous venus me remercier. Ce jour-là, j'ai compris que nos préjugés sur les autres – et sur nous-mêmes – sont parfois infondés.

Vous célébrez aussi des mariages?
Oui. Des mariages mixtes, notamment. C'est une vraie question aujourd'hui. L'islam traditionnel n'a pas l'habitude de ces unions. Mais notre société a changé, il faut lui répondre.

Être tenace, c'est quoi pour vous?
C'est croire en soi, mais surtout croire en ses idéaux. C'est s'accrocher à l'espoir, à l'humanité, à la spiritualité. L'humain est un être spirituel, capable de transformation. La spiritualité est une voie vers l'épanouissement, un chemin de lucidité et de dépassement.

Vous avez des regrets?
Non. Ce que je suis aujourd'hui, c'est le fruit de tout ce que j'ai vécu. Même les épreuves m'ont façonnée. Alors non, je ne regrette rien.

Quel rôle pour les femmes dans le monde?
Un rôle central, essentiel. Le patriarcat est un système de domination et de violence. Lorsqu'une société maltraite ses femmes, elle est déjà en échec. Les femmes doivent lutter contre toutes les formes d'injustice, mais aussi proposer une autre vision du monde. Le féminin, ce n'est pas une minorité

à défendre : c'est une force à réintégrer. Le jour où le monde reconnaîtra cette part du féminin présente en chacun de nous, ce jour-là, nous avancerons enfin vers l'équilibre.

Quatre mots pour guider sa vie ?
Subtilité. Liberté. Vivacité. Spiritualité.

À l'issue de ma rencontre avec Kahina, une anecdote qui m'avait marquée a refait surface :

J'étais allée passer le week-end chez ma meilleure amie. Immeuble haussmannien, bel appartement à l'étage élevé, dans un quartier feutré de l'ouest parisien. C'était joyeux, hors du temps. En pyjama, on buvait du thé.

Un brouhaha a surgi de la cour intérieure. Des rires, des voix, un doux remue-ménage. On fêtait Souccot, la fête juive des cabanes. Les familles installaient leurs souccahs, petits abris décorés de branchages. Pendant sept jours, on y prie, on y mange, les hommes y dorment, parfois, en souvenir des années d'errance dans le désert. On rassemble quatre espèces végétales, on les agite dans six directions : une fronde de palmier, quelques tiges de myrte et de saule, dans une main ; un cédrat dans l'autre. À la fenêtre, nous surplombions l'effervescence joyeuse des familles. Les femmes portaient des perruques, comme il se doit.

Et puis nos regards ont bifurqué. Dans l'appartement d'en face, autre remue-ménage : on installait du matériel, on allait, on venait. Tournage, manifestement. L'affaire s'est vite précisée : c'était un film porno. Deux jeunes femmes se faisaient littéralement désosser par une horde surexcitée. Fenêtres grandes ouvertes. Projecteurs allumés. Nues et tatouées, comme il se doit.

Dans la lumière dorée d'un après-midi d'automne, deux visions du corps féminin. Deux assignations. Sous les perruques, les voiles ou les néons, la femme reste regardée, encadrée. D'un côté, le silence et le retrait. De l'autre, la mise à nu et l'exhibition. Et dans aucun des deux cas, une vraie liberté.

Le bel ordonnancement du monde – parfois connu sous le terme de « patriarcat » – n'a pas un seul costume. Il change de visage selon les quartiers, les traditions, les industries. Tantôt moral, tantôt marchand. Il peut interdire de montrer, comme il peut l'exiger. Mais il reste le même : c'est lui qui jauge et qui décide.

Et dans ce face-à-face inattendu entre les souccahs d'en bas et le porno d'en face, il y avait quelque chose d'éblouissant et de désespérant. L'image d'un corps féminin toujours traversé de normes, de règles, de regards extérieurs, jamais entièrement à soi. La féminité c'est une histoire de territoire et de pouvoir, vivre dans un corps qui n'échappe jamais tout à fait au regard des autres. Qu'il soit voilé ou vendu.

Il est temps de trouver la souveraineté. Et ce combat, hélas, et contrairement à ce que dit la rumeur, ne fait que commencer…

Nadine Picquet

Elle a posé sa rigueur et son imagination dans les prisons. Elle est arrivée en tailleur beige, cheveux courts, brushing impeccable, sa Légion d'honneur tranquillement arrimée au col. On sait tout de suite que cette décoration, elle ne l'a pas volée. Le regard clair, l'allure sûre, Nadine Picquet a été la première femme à diriger Fleury-Mérogis, la plus grande prison d'Europe. Une femme de terrain, pas de discours, de celles qui tiennent les murs, même quand ils tremblent.

Parlez-moi de la petite fille que vous étiez.

J'étais une enfant turbulente, vraiment pas facile à élever. Mon parcours scolaire a été à l'image de cette agitation : chaotique, indiscipliné, longtemps sans conscience de l'importance qu'il aurait sur mon avenir. Ce sont mes parents qui, avec une ténacité admirable, m'ont maintenue sur les rails. Je me suis réveillée tard, mais j'ai fini par obtenir mon bac, entrer à la fac, poursuivre des études supérieures. Rien n'était gagné, rien n'était écrit.

Ce qui m'a profondément marquée, c'est mon enfance en Moselle, à Sarreguemines. J'y ai passé dix années, et cette région m'a façonnée. C'est un territoire de contrastes, de valeurs rigoureuses, avec une empreinte religieuse forte, même à l'école publique, à cause du Concordat. J'ai baigné dans cette éducation chrétienne structurante sans en percevoir tout de suite l'importance. Mais avec le recul, oui, cela a compté. J'ai tout fait : communion privée, solennelle, confirmation, retraite… C'était un monde où le bien et le mal étaient clairement dessinés. Et cette vision manichéenne, je l'ai portée longtemps en moi. Le juste milieu m'est longtemps resté étranger.

Vous définissez-vous comme « manichéenne » ?
Oui. Surtout au commencement de ma vie professionnelle, je pensais en noir ou en blanc. Avec le temps, j'ai appris à nuancer, à comprendre la complexité. Mais au départ, cette vision tranchée m'a sans doute protégée.

C'était une carapace ?
Probablement. Il y avait chez moi une exigence de rigueur, le respect de la parole, des règles, héritée de mon éducation et des idéaux des années 1970. Cette époque de bouleversements sociaux, d'utopies, m'a donné le goût de la justice, du débat, de la réforme. Alors quand je suis entrée dans l'institution pénitentiaire, que je ne connaissais pas vraiment, je suis arrivée avec ces valeurs, presque comme un manifeste intérieur.

Vous êtes une contradiction vivante : vous avez choisi l'univers carcéral pour éprouver la liberté.
Oui. C'est tout le paradoxe. J'ai toujours redouté les systèmes, et pourtant, j'ai plongé dans l'un des plus rigides, un écosystème, même. Mais je l'ai fait avec la volonté de m'y inscrire sans me trahir. L'univers carcéral, je l'ai abordé avec prudence mais sans compromission.

Vous avez été la première femme à diriger Fleury-Mérogis, la plus grande prison d'Europe. Comment cela a-t-il été possible ?
C'était un moment particulier de l'histoire. En 1981, l'arrivée de Robert Badinter au ministère de la Justice a bouleversé les lignes. Il a voulu tenter l'expérience de confier à des femmes la direction d'établissements pour hommes, dans l'idée d'introduire un autre regard, une autre manière de gérer la violence, les rapports humains. À cette époque, les prisons étaient des lieux où la virilité régnait en maître. Son intuition, je crois, était juste.

Vous ne vous sentiez pas à votre place dans les établissements pour femmes ?
Pas du tout. L'image que me renvoyaient ces femmes incarcérées me mettait mal à l'aise. Je les trouvais prisonnières d'une soumission à leur compagnon, souvent enfermées pour des délits commis à leurs côtés. Il y avait une absence d'autonomie, une forme de servilité qui me révoltait. Et surtout, une parole crue, déversée sans filtre dans les audiences, qui me gênait. À l'inverse, chez les hommes, j'ai trouvé plus de retenue, de pudeur, ce qui m'a permis d'aller chercher plus loin la vérité de l'autre.

Et cette volonté de faire entrer les chevaux en prison ?
Ce n'était pas inédit, mais je l'ai imaginé à ma manière, à Poissy, auprès de détenus condamnés à de longues peines. Au départ, personne ne voulait s'inscrire à l'activité. Ils pensaient que je plaisantais. Puis, à force d'explications, d'échanges, la moitié de l'établissement a répondu présent. Ce n'était pas du simple divertissement : il s'agissait de renouer avec les émotions, d'apprendre l'humilité : face à un cheval, on ne triche pas. Les postures viriles s'effondrent, les masques tombent.

On travaillait la peur, la chute, la confiance. Les psychologues et l'unité sanitaire participaient. C'était un projet global, un projet de dignité.

Quand vous entendez aujourd'hui qu'une activité de karting déclenche un tollé, qu'en pensez-vous ?
Je me dis que nous avons perdu en liberté. À mon époque, nous pouvions encore imaginer, créer, sans demander dix autorisations. Le karting ne me choque pas, s'il y a derrière une idée éducative. Ce qui me sidère, c'est l'ampleur des réactions.

Avez-vous subi du sexisme, dans ce milieu ?
Bien sûr. Des surveillants refusaient de me saluer, de m'obéir. Je représentais une anomalie. Chez les détenus, c'était différent : certains tentaient la séduction, mais, rapidement, ils comprenaient que ça ne prenait pas. Avec une parole vraie, de l'écoute, une forme d'autorité juste, j'ai rarement eu de problèmes avec les caïds.

Ça alors ! Les surveillants étaient plus durs que les détenus ?
Oui, au début. Refus d'obtempérer, suspicion, mise à l'épreuve constante. Il faut comprendre : j'étais une femme, jeune, dans un univers d'hommes. Certains testaient mes limites, me provoquaient. Ils savaient que la vue du sang me paralysait, alors ils m'appelaient la nuit lorsqu'un détenu s'était automutilé. Je prenais sur moi. Je ne voulais pas flancher.

Et vous, jugiez-vous les détenus ?
Jamais. Ce n'était pas mon rôle. Je préférais les écouter d'abord, sans lire leur dossier, pour recueillir leur parole, leur récit. Ensuite seulement, je confrontais leur discours aux faits. J'essayais de les amener à se questionner sur leurs actes, sans jugement. Chercher une relation vraie, c'était ça mon moteur.

Avez-vous été tentée de renoncer ?
Jamais. J'ai douté, souvent. Mais le doute est fertile, il fait avancer. Ce sont les certitudes qui figent. J'ai vécu des moments difficiles, notamment des suicides de détenus jeunes, à Bois-d'Arcy, qui m'ont profondément marquée. J'avais vingt-trois ans.

Parlez-moi d'un moment de peur. Avez-vous déjà tremblé dans votre carrière ?
Pas vraiment, mais il y a eu un moment que je n'oublierai jamais. C'était à Fresnes, le jour de la fête des Mères. Une attaque à la kalachnikov contre le mirador. J'étais DRH à l'époque, j'habitais à quelques mètres du poste. J'ai compris tout de suite ce qui se passait. J'ai sauté par la fenêtre, je suis partie aider la direction. Mes enfants m'ont vue disparaître, et ils ne m'ont pas vue revenir. Ils ont cru que j'étais tombée sous les balles. Ce n'est qu'en rentrant, bien plus tard, que j'ai compris. Le choc sur leur visage. Leur silence. Ce jour-là, j'ai mesuré le prix que payaient mes proches. Mon fils a été suivi par un psychologue de l'école, c'était nécessaire. Cette scène-là, je la garde en moi.

Et le détenu le plus impressionnant que vous ayez eu à gérer ?
Carlos. Je l'ai eu à Fresnes, aussi, au quartier d'isolement. Il avait une voix tonitruante, un comportement théâtral, une aura redoutable. C'est le seul détenu qui m'a vraiment intimidée. J'étais encore jeune, mais j'ai toujours gardé une distance de sécurité. Ce n'était pas de la faiblesse, c'était de la vigilance.

Qu'est-ce que ça veut dire, être une femme dans une prison ?
Au départ, j'ai cru qu'il fallait se comporter comme un homme pour être acceptée. J'ai mis ma féminité de côté. Je voulais prouver que j'étais capable de faire face. J'ai pris des yaourts en

pleine figure, affronté des détenus énervés, assumé ce rôle de chef. Puis, après la naissance de mes enfants, j'ai compris que c'était une erreur et j'ai dit aux jeunes collègues : « Restez des femmes, ne vous déguisez pas. Nous avons d'autres manières de gérer la violence, le pouvoir, la négociation. Notre force est ailleurs. Avancez sans masque. »

Vous vous définissez comme un « rat de coursive ». Vous aimiez vraiment la prison ?
J'aimais la coursive, le terrain, les gens. Une directrice qui reste dans son bureau ne comprend rien à ce qui se passe. Il faut voir les surveillants, les détenus, comprendre les équilibres. C'est là que se joue la vraie direction. Pas dans les chiffres ou les tableaux.

Vous vous sentez libre aujourd'hui ?
Oui. Et je me suis toujours sentie libre, même dans un milieu contraint. C'est un combat d'être humain, pas seulement de femme. Rester soi-même, fidèle à ce que l'on croit, c'est essentiel. Chaque matin, il faut pouvoir se regarder dans la glace. C'est ce que j'ai essayé de faire pendant plus de quarante ans.

Quatre mots pour diriger sa vie ?
Ne jamais renoncer. Croire en l'être humain. Faire confiance. Être vrai.

Elle était adorable, Nadine ; l'incarnation de la loyauté, la droiture et l'humilité. Une pionnière... Elle avait voulu puis su s'imposer dans un monde d'hommes.

Je me suis alors souvenue de mes débuts dans l'audiovisuel. Pas exactement un monde d'hommes, mais un monde où ils occupaient TOUTES les places importantes, dans les rédactions, dans les chaînes, dans les sociétés de production et de postproduction.

Je venais de signer un CDI et je suis allée sur le plateau de *Rive droite/Rive gauche,* l'émission phare de Paris Première, avec un trio magique autour de Thierry Ardisson : Quin, Beigbeder et Tesson… L'intelligence, l'esprit, la culture et la drôlerie. C'était bien.

Arrivée dans le couloir, je tombe sur le producteur, Stéphane, on engage la conversation. On ne se connaissait pas bien, on était jeunes, lui producteur, moi journaliste ; j'assumais pour la chaîne la responsabilité éditoriale du programme.

Et puis, j'ai vu surgir Thierry à l'autre bout, il nous a regardés fixement et a lancé : « Bon, Stéphane, tu viens ou tu préfères te faire sucer ? »

Premier contact avec l'animateur. Rien de méchant. Nous avons bien travaillé ensemble pendant des années. Ce jour-là, je l'ai trouvé petit, Thierry, et j'ai décidé de ne plus mettre que des talons hauts.

Plus tard, au téléphone, je racontais l'anecdote à ma mère et lui demandais pourquoi certains hommes se permettaient ce type de grossièretés. Et comme chaque fois que je lui racontais des événements de ce genre, elle répondait : « C'est comme ça. »

Le monde, *c'était* comme ça.

Expériences glanées auprès d'amies ou vécues : dans le métro, le type qui te colle ; le type qui te « glute » sur le chemin de l'école (tu sens son corps derrière le tien, ça adhère, tu es terrorisée, tu te mets presque à courir, lui aussi, on dirait un pas de deux de Ginger et Fred) ; le type qui a éjaculé sur ton pantalon ; le type qui te séquestre dans le bureau et te course ; le type qui t'emmène, enfant, dans la cabane du jardinier ; en vacances, le type qui arrive nu dans ta chambre ; dans la rue, le type qui marche derrière toi (celui-là, je crois qu'il tire son plaisir de ta crainte)… Non exhaustif.

Je trouvais que les choses avaient changé depuis #MeToo. Et ça me réjouissait. Et puis, j'ai eu cette discussion avec Jeanne et Julia, jeunes journalistes vraiment épatantes. J'ai compris cet après-midi-là, que non, rien ne changeait au fond et qu'il fallait toujours élever les filles dans l'idée du possible surgissement de l'ogre. Exemples :

Jeanne : « Moi, mes parents m'ont appris que, si tu es agressée, il vaut mieux crier "au feu" que "au viol". Ou alors, qu'il faut désigner du doigt la personne qui doit venir t'aider, ce n'est vraiment pas garanti, mais au moins tu évites la dissolution des responsabilités. »

Julia : « Les femmes savent que la nuit, il ne faut pas marcher derrière une femme seule, parce que le bruit des pas résonne comme une menace. Alors certaines se pressent et doublent pour dire : "Ne crains rien, je suis une femme aussi." », « Je dois adapter mon comportement : par exemple, je mets toujours des baskets pour pouvoir courir, jamais de jupes courtes. »

Alors, j'ai corrigé l'erreur de conjugaison : le monde, *c'est* comme ça.

Dans la vie, tout est une question de concordance de temps. Et pour les femmes, honnêtement, je le trouve un peu longuet, le temps qui passe.

Yaël Braun-Pivet

Elle n'est pas née en politique, elle y est venue par la vie. Femme de terrain avant d'être femme de pouvoir, Yaël Braun-Pivet, avocate, mère de cinq enfants, bénévole aux Restos du cœur, s'engage un jour sans réseaux ni plan de carrière, avec la conviction que la République mérite l'implication de tous. Quelques années plus tard, elle devient première femme présidente de l'Assemblée nationale. Elle s'est battue pour ça. Au fond, ce qu'elle fait, ce qu'elle incarne, touche à quelque chose d'essentiel : un instinct maternel. Le désir que chacun puisse vivre avec les autres, s'élever, trouver sa place. Yaël Braun-Pivet est une femme droite dans une maison tumultueuse, une Française comme tant d'autres, qui a osé dire : « Je prends ma place. »

Qui était Kalman, ce petit garçon juif, seul, dans un train en hiver?

Kalman, c'était mon grand-père. Un enfant né au début du XXe siècle dans une région qui allait devenir la Pologne. Très tôt orphelin. Un jour, les services sociaux viennent le chercher, avec ses frères et sœurs pour les emmener à l'orphelinat. Lui refuse et s'enfuit : il monte seul dans un train, il a neuf ans, il est pieds nus dans la neige.

Le train s'arrête à Vienne, il s'échappe, et c'est là que son aventure commence ?
Une vie de labeur commence ! Pendant trois ans, il travaille pour un charbonnier. Il porte des sacs, fabrique des fagots, six ou sept jours par semaine. Il est logé, nourri, mais pas payé. Son premier pourboire, c'est une pomme de terre. Et pourtant, dans les quelques pages où il a raconté son histoire, il écrit : « J'ai eu de la chance. » Cette phrase m'a bouleversée. Ce qu'il appelait chance, nous, aujourd'hui, nous l'appellerions précarité, exploitation, travail d'enfant. Mais lui refusait de se plaindre et d'endosser le rôle de la victime. Il avait ce regard sur la vie : chaque épreuve était une opportunité d'avancer. Il croyait en la possibilité d'une issue. Ce refus de s'effondrer, cette obstination à faire face, c'est ce qu'il m'a transmis. Et je crois que c'est ce qui m'a forgée.

Ce petit garçon pieds nus dans la neige… Et vous, sa petite-fille, première femme présidente de l'Assemblée nationale. Cet ascenseur social est-il encore possible ?
C'est le cœur de la promesse républicaine. Une promesse qu'il faut continuer de défendre, de renouveler. Kalman était orphelin, sans papiers, sans racines. Et pourtant, il a cru que quelque chose était possible. Il s'est formé, il a décidé que sa vie aurait un sens. Et cela, oui, c'est profondément français. C'est notre responsabilité de garder cette promesse vivante.

Vous avez été élue. Mais à deux reprises, vous avez dû affronter ceux qui étaient censés être vos alliés. Votre propre camp vous a mise à l'écart. Pourquoi ?
Peut-être parce que je dérangeais. En 2017, je venais de la société civile, je ne faisais partie d'aucune coterie, d'aucun cercle de pouvoir. J'étais une inconnue, sans appui politique, sans l'onction d'un parrain. Et pourtant, j'ai voulu présider la

commission des lois : j'en avais l'envie, la capacité, la légitimité. Le groupe présidentiel préférait un homme du sérail, et m'a poussée à renoncer, mais j'ai tenu bon.
Cinq ans plus tard, c'est la même histoire : je suis devenue ministre, j'ai acquis de l'expérience. Et lorsque je décide de me porter candidate à la présidence de l'Assemblée nationale, les mêmes réflexes reviennent : on m'écarte, on essaie, en coulisses, d'en placer un autre. Je n'ai jamais vraiment été considérée comme candidate « naturelle » pour le poste. Trop indépendante ? Trop libre ? Trop femme ? Et là, oui, j'ai été blessée, parce que je savais que si j'avais été un homme, avec ce parcours, cette expérience, ce bilan, je n'aurais même pas eu à me battre. Et ça, moi, je ne le supporte pas. Cette injustice faite aux femmes, ce verrouillage. En 2025, qu'on en soit encore là, ce n'est pas possible.

Vous avez reçu des pressions très nettes. Comment vous avez tenu ?
Je ne suis pas une obéissante et ne me plie pas aux injonctions sans raison. J'ai besoin qu'on m'explique, qu'on me convainque. Mais les ordres sans fondement, les « c'est comme ça » : non. Et puis, je ne suis jamais seule. Dans ces moments-là, ce sont mes enfants, mon mari, ma famille qui me portent. Un jour, j'ai failli tout abandonner, j'étais découragée. L'un de mes fils m'a dit : « Maman, ne lâche pas. » Et je n'ai pas lâché.

Ce sexisme politique, c'est ce qui vous a rendue féministe ?
Oui ! Au départ, je ne me revendiquais pas comme telle : je pensais que le travail, le sérieux, l'engagement suffiraient. Et puis j'ai vu : les dîners d'hommes où les décisions se prennent, les réseaux où l'on se coopte, partout, dans le CAC 40, les fédérations sportives, les entreprises, les carrières qui se transmettent, de connivence en allégeance. Et parallèlement,

j'ai vu les femmes brillantes, préparées, engagées, mises sur la touche au dernier moment. J'ai alors compris que le pouvoir, dans sa forme actuelle, reste un club. Et que les femmes n'en sont pas encore membres à part entière. Alors oui, j'ai revendiqué d'être féministe, par lucidité, expérience et nécessité.

Avant la politique, vous avez travaillé, été avocate, mais aussi bénévole, fondatrice d'une antenne des Restos du cœur. Qu'est-ce que cela vous a appris ?
L'essentiel. Quand on est aux Restos, on ne parle pas de politique ; on accueille, on tend une main, on écoute. Je me souviens de cet homme qui dormait dans sa voiture, devant le centre. Chaque matin, j'allais frapper à sa vitre et on buvait un café ensemble, on parlait. Il n'attendait rien d'autre qu'une présence ; pas une solution miracle, juste une forme de reconnaissance. Ces moments-là, je les garde au cœur : ils me rappellent que la politique, si elle ne commence pas par l'humain, sa fragilité, sa dignité, ne vaut rien. Et c'est pour cela que j'y retourne chaque année, que je participe à la collecte. Je m'assure de ne pas m'éloigner de ce réel-là.

Et puis, il y a la famille. Vous avez cinq enfants. Comment concilie-t-on ça avec une vie politique aussi intense ?
En étant très organisée, mais surtout en étant présente. Ce matin encore, j'étais au téléphone avec mon fils pour l'aider dans une recherche d'appartement. Je ne suis pas une mère absente. Je tiens à leur quotidien, je veux qu'ils sachent que je suis là, malgré mes responsabilités. Et eux sont là pour moi : dans les moments les plus durs, ils m'ont portée.

On vous l'a reproché, parfois ?
Un député m'a dit un jour que j'étais « trop maternelle ». Je n'ai jamais compris cette critique. Avoir cinq enfants, c'est croire

en l'avenir. C'est apprendre à écouter, à accueillir, à composer avec la différence et c'est aussi comprendre que chaque trajectoire est singulière. Et c'est ce regard-là que j'aimerais voir infuser nos institutions : un regard qui respecte les parcours, sans les formater, sans les contraindre.

En pleine campagne, en plein engagement politique, vous apprenez que vous avez un cancer et choisissez de ne rien dire. Pourquoi ?
Parce que je savais que, même sans hostilité, on m'aurait écartée. On m'aurait dit : « Repose-toi, on verra plus tard. » Et je ne voulais pas de ce « plus tard », alors j'ai gardé le secret. Le matin, j'allais faire ma radiothérapie ; l'après-midi, je travaillais. Le jour de ma dernière séance, j'ai été nommée ministre. Deux réalités parallèles. Et personne n'était au courant.

Ce silence, ce camouflage, ne l'avez-vous pas vécu comme une solitude ?
Bien sûr que si. Mais c'était un choix, une stratégie de survie : le cancer, au début, c'est une panique, une pensée brute – *Je vais mourir.* Puis viennent la résistance, l'envie de vivre plus fort, plus vite ; d'habiter sa vie, de ne pas laisser les autres décider à sa place. Et dans cette période-là, le travail politique m'a aidée. J'avais une cause, un combat plus vaste que moi, une raison de me lever, de continuer.

Et aujourd'hui, vous en parlez. Pourquoi ?
C'est très important : des femmes, des hommes, vivent cela chaque jour. Il faut qu'ils sachent que c'est possible, qu'on peut être affaibli et continuer. Gouverner, aimer, décider, être là. La maladie fait partie de la vie mais elle n'annule rien ; elle révèle, parfois. Et elle ne devrait jamais disqualifier.

Quatre mots pour être bien dans sa vie ?
Audace. Considération. Famille.
Et puis un mot que j'ai découvert récemment : congruence. C'est-à-dire, être alignée, ne pas tricher, être soi, vraiment. C'est ça, ma force, et c'est ça que j'aimerais transmettre.

Yaël Braun-Pivet est partie et je me suis posé la question… du pouvoir ! Beaucoup de femmes ont été fragilisées, attaquées, pendant leur parcours professionnel. Ce moment où, lorsqu'on monte trop haut, les hommes se liguent. Une violence sourde, stratégique, implacable.

Et immédiatement, cette autre question : la violence n'existe-t-elle pas aussi entre les femmes ? Ce n'est pas simple à admettre, mais il y a aussi une forme d'hostilité, parfois de cruauté, entre celles qui, pourtant, devraient se soutenir. C'est vrai qu'il y a quelque chose d'insidieux, une vérité dérangeante sur les relations entre femmes. Certes, les hommes peuvent être brutaux, implacables, grossiers, mais rarement avec ce degré de perfidie.

Et le paradoxe ? Il est là, dans les mouvements féministes eux-mêmes, qui s'entrechoquent, se démontent, se vouent aux gémonies avec une ardeur quasi sacrificielle. La querelle des anciennes et des modernes, l'ego sans doute… mais pas seulement. Pourquoi ne pas marcher d'un même pas, aligner nos forces, bâtir un front commun ? Pourquoi préférer les règlements de comptes aux victoires partagées ?

J'ai longtemps buté là-dessus, pas compris ce qui se jouait… et puis un jour, j'ai percuté : oui, nous vivons, depuis la nuit des temps, dans un *boys'club*. Le pouvoir est chez les hommes. Un monde pensé par eux, pour eux. Je me souviens des mots de Simone Veil, présentée par le président de la séance comme « Madame LE ministre » le 26 novembre 1974 : « Je voudrais tout d'abord vous faire partager une conviction de femme, je m'excuse de le faire devant cette Assemblée presque exclusivement composée d'hommes […] » Elle porte un tailleur bleu roi ; la diction, comme ses cheveux ramassés en chignon, impeccable, les deux mains posées sur la table enserrent les feuilles du discours. Et elle s'excuse devant ce parterre grisâtre et goguenard. Elle s'excuse, elle qui a tant vécu déjà.

Là-haut, dans les cimes, le pouvoir se porte bien, circule, se transmet comme un héritage naturel. On s'engueule mais on se couvre, on se promeut et on est solidaire. Quand il y a un nul, on rajoute un nul au-dessus. C'est vrai qu'ils n'ont pas de problème de quota : ils sont le quota. Ils ont pensé le monde, imaginé les lois, élu leurs représentants, ordonné et contraint le réel selon leur propre *Weltanschauung*. Et ça fait tellement longtemps. Ils tirent leur force de ce pouvoir. Une force qui écrase tout, comme la moissonneuse-batteuse, imperturbable, dès la fin juillet, dans les grandes plaines de Beauce. « On n'est pas bien, là, décontractés du gland ? »

Juste en dessous : nous, les femmes. Les assistantes, les exécutantes, les contremaîtres – appelez ça comme vous voulez – depuis la nuit des temps aussi. Romy Schneider, qui prépare le whisky d'Yves Montand, puis le café de Samy Frey dans *César et Rosalie*, de Sautet. Ça rend souvent triste, pas heureuse, voire acariâtre, d'être juste derrière (au mieux). Le pire, je crois, c'est surtout de ne pas pouvoir choisir : d'être collée à un destin, genre ballot de paille, après le passage de la fameuse moissonneuse-batteuse. Alors, il a fallu partir à la conquête du pouvoir. C'est très récent, cette affaire, tellement récent que c'en est vertigineux – je parle bien entendu des pays occidentaux prospères, qui, entre deux guerres, ont deux minutes à consacrer au sujet.

Premier os, dans la tentative de conquête du pouvoir : ceux qui l'ont (voir ci-dessus) ne sont pas du tout prêts à le partager avec le contremaître (et on les comprend d'ailleurs, c'est déplaisant de partager un monde et son ordonnancement). Plus étrange, ça les humilierait presque. Il y a donc réticence du sommet : on reste entre soi, parmi ceux qui nous ressemblent. Mais, vraiment, c'est implacable : les barons, les mandarins, les caciques sortent le grand jeu et Actarus devient Goldorak. Et les femmes excellentes, audacieuses, inventives, douées, sont immédiatement prises pour cible : il faut de toute urgence expulser ce corps étranger, différent et précieux. Elles peuvent être harcelées, virées sans ménagement, humiliées. Dans les universités ou les hôpitaux, au sein de la police et de la justice, en entreprise, à l'Assemblée nationale, dans les partis politiques : quand une femme prend du galon, faudrait quand même voir à ce qu'elle reste à sa place. Et même en dessous : ça lui apprendrait. J'ai interviewé pour *Tenaces* des femmes très compétentes, qui ont dû quitter leur poste où elles avaient été remarquables. C'est un énorme gâchis.

Deuxième os : la quête du pouvoir, pour les femmes, est un mouvement solitaire. Parce que nous ne sommes pas organisées comme les trotskistes : les unes veulent juste être bien payées, d'autres veulent des stages woke, voire des camps de rééducation pour les hommes ; certaines détestent les hommes, d'autres dorment avec, il y en a qui font les deux. Il y a celles qui objectent : « N'en faisons pas trop, c'est déjà beaucoup. » Celles qui clament : « Arrachons tout, il est tard. » Bref, pas de mouvement global. Et tout le monde se déteste par-dessus le marché. Réticences des bataillons sur la stratégie à mener.

Bref, cette lutte constante et cette incertitude sont exténuantes et nous rendent méfiantes ; elles créent des fractures. Seules, nous peinons à avancer. On nous a appris – c'est presque une injonction – à nous jauger, à nous comparer, à rivaliser là où il faudrait s'épauler et faire corps. C'est la masse et donc finalement l'évidence qui peut vaincre les inquiétudes, rassurer les isolées et les fébriles. Parce que, franchement, quitte à cogner, autant taper au bon endroit, plutôt que de s'envoyer des coups, il est temps d'enfoncer la porte du club. Et d'entrer.

Et pour finir – après cette conversation avec la première femme présidente de l'Assemblée nationale –, l'implacable réalité me saute encore à la face : il n'existe aucun chiffre officiel sur le nombre de lois votées par des hommes. Évidemment : on ne garde pas les comptes quand on est certain d'occuper la salle. Mais les taux de représentation parlent pour eux : dans les années 1970, 98 % des députés étaient des hommes. Dans les années 1990, encore plus de 90 %. La parité ? Elle n'entre dans la Constitution qu'en 1999. Les premières lois contraignantes, elles, attendront l'an 2000. Donc oui, pendant des décennies, ce sont eux qui ont dit le juste et l'injuste, écrit les Codes civil et pénal, décidé de ce qu'on pouvait dire, faire, garder, ou taire. Pour tous. En oubliant qu'il existe une autre façon de voir, de sentir, de traverser la vie. Et donc, forcément, une autre manière de gouverner, de transformer.

Un ami m'a raconté cette anecdote : après la crise des subprimes, la reine d'Angleterre rend visite à la London School of Economics. On lui déroule le tapis rouge :

« Ici, lui dit-on, vous avez les meilleurs économistes, les plus brillants analystes, les plus vastes bibliothèques. »

Elle les écoute, puis demande simplement :

« Mais alors… qu'est-ce qui vous a manqué ? Pourquoi n'avoir rien vu venir ? »

Silence gêné. Quelques semaines plus tard, une lettre lui est adressée :

« Il nous a manqué… l'imagination. »

Elle avait mis le doigt sur un point vital. Parce qu'elle était reine, peut-être. Parce qu'elle portait un autre regard, sûrement. Le monde, pensé par les hommes, manque parfois de ce que les femmes portent : l'imagination, la mémoire, la dissonance, la nuance.

Une autre façon d'être : pas meilleure – mais irremplaçable.

Martine Monteil

Il y a des gens, ils ont ce qu'on appelle une autorité naturelle, un je-ne-sais-quoi qui se dégage, qui fait qu'on les suivrait au bout du monde en sécurité. Et cette particularité-là, je crois bien que ça s'appelle « inspirer la confiance ». Elle est arrivée tout de noir vêtue. Martine Monteil est l'une des plus grands flics de France, première patronne du Quai des Orfèvres. Sur le revers de sa veste, une rosette de commandeur de la Légion d'honneur. Méritée, celle-là.

Première femme major de promo, commissaire, première femme à diriger les Stups, la brigade criminelle et celle du proxénétisme… C'était une évidence ?
Pas réellement. J'ai embrassé ce métier parce que j'en avais très, très envie. J'avais envie d'un métier qui touche à la répression de la délinquance, c'est-à-dire soustraire à la société des gens qui sont déviants et qui font du mal. Je suis partie là-dessus, sans stratégie. J'aurais pu être magistrate, mais le concours de commissaire, jusque-là interdit aux femmes, s'est ouvert en 1975. Je l'ai réussi en 1976.

Il y a un atavisme familial, non ? Votre père, votre grand-père…
Mon grand-père était gardien de la paix, mon père a terminé commandant échelon fonctionnel, il était à la brigade antigang. Je suis la fille de mon père !

Vous avez grandi entourée de flics ?
Ils étaient tout le temps-là, sans être là. C'étaient des hommes heureux. Ils venaient dîner chez nous avant de repartir en surveillance. Ils racontaient leurs affaires, leurs ratés, leurs victoires. Comme des chasseurs avant la battue.

Et aujourd'hui, pensez-vous que les policiers sont encore heureux ?
J'espère, mais j'en doute : il y a aujourd'hui beaucoup plus de suicides dans la police qu'avant. C'est cependant moins vrai dans la police judiciaire.

Quand on regarde l'affaire Guy Georges, on ne peut s'empêcher de penser que c'est quand une femme est arrivée à la tête de la Crim qu'il a été arrêté. Vous minimisez votre rôle, mais il est pourtant central, non ?
Guy Georges, c'est sept femmes tuées, une tentative de meurtre. Et puis des affaires de viols, évidemment, à côté. Vingt et une victimes en tout… Je suis arrivée dans une enquête enlisée. Il était connu des services de police depuis plus de quinze ans, mais on ne parvenait pas à le coincer. Il changeait sans cesse de planque, passait d'hôtels miteux en foyers de bienfaisance, insaisissable. On n'avait pas de fichier ADN, pas d'empreintes digitales exploitables. À chaque nouvelle victime, on cherchait, mais il s'échappait encore et encore.

Et pourtant, sous votre direction, il tombe.
C'est un travail d'équipe : on a mobilisé toutes nos ressources. Un jour, deux policiers en surveillance sur une autre affaire l'ont repéré à la sortie du métro et lui ont sauté dessus. Ce jour-là, la police a poussé un soupir de soulagement. Ce fut une chasse éprouvante, mais on l'a eu.

Vous êtes très modeste : il y avait une guerre des polices à laquelle vous avez mis fin... Cette affaire emblématique a renforcé votre légende dans la police française.
Vous savez, l'enquête sur un tueur en série est un processus extrêmement complexe qui exige une coordination rigoureuse entre les différents services impliqués. Il y a eu un manque de communication à un moment donné, ce qui a nui à l'efficacité de l'enquête, c'est certain. Mais à l'époque, l'absence de fichier ADN et le manque d'empreintes digitales disponibles ont lourdement handicapé les investigations. Le suspect, bien qu'interpellé, n'a pu être identifié de manière certaine, notamment en raison de ces lacunes technologiques. Un élément troublant était l'empreinte d'un pied glissée dans du sang, laissant croire à un « pied égyptien ». Mais cette piste s'est révélée erronée, ajoutant à la confusion des enquêteurs. Par ailleurs, un témoin clé – une victime ayant survécu – a formellement décrit son agresseur comme d'origine maghrébine, alors que le suspect était métis antillais. Ce décalage dans la description a contribué à détourner les soupçons, car l'homme interpellé ne cochait pas toutes les cases établies par le profilage initial. Toutefois, peut-on reprocher à une victime en état de choc une erreur de perception ? Non.

Avez-vous compris rapidement qu'il s'agissait d'un tueur en série ?
Au départ, les enquêteurs avaient une forte suspicion de crimes en série, mais sans certitude absolue. Le mode opératoire variait : certaines victimes avaient été tuées dans des parkings, d'autres dans des appartements, rendant les liens entre les meurtres moins évidents. Toutefois, à partir d'un certain crime, il est devenu clair qu'il s'agissait du même tueur. J'étais alors en poste à la brigade de répression du banditisme et j'avais été amenée sur la scène de crime lors d'une permanence. Bien que l'affaire relevât de la brigade criminelle, je m'y suis impliquée avec acharnement, suivant l'enquête de près, appelant sans cesse pour en connaître les avancées. Ce crime en particulier a marqué un tournant : la victime, égorgée et mutilée selon un mode opératoire précis – soutien-gorge et slip coupés, marques sur la poitrine –, portait une signature claire de l'agresseur. Mais surtout, du sperme avait été retrouvé sur son corps. C'était la première scène où l'ADN aurait pu être un élément déterminant. Malheureusement, à cette époque, son exploitation était encore limitée. Avec cette technologie disponible plus tôt, plusieurs victimes auraient peut-être été épargnées.

L'affaire Guy Georges rappelle fortement celle de la Sambre. Dans les deux cas, des crimes s'accumulaient sans qu'un lien évident soit immédiatement établi. On pourrait se demander si le fait que ces enquêtes soient initialement menées par des hommes a pu influencer la difficulté à relier les affaires ?
Non, la réalité est bien plus complexe : c'était un travail de fourmi, un véritable travail de fond où toutes les pistes étaient explorées sans relâche. L'absence de fichier ADN était très problématique. Alors que les enquêteurs réclamaient un outil similaire à celui des Britanniques, le débat faisait rage sur

les atteintes aux libertés. Pourtant, avec un tueur en série en liberté et des jeunes femmes assassinées, l'urgence d'une telle base de données paraissait évidente. Aujourd'hui, l'existence du fichier ADN semble indiscutable et personne n'imaginerait le supprimer.
Les forces de l'ordre, les magistrats, à leur niveau, ont milité pour sa mise en place, mais ce sont aussi des figures extérieures qui ont joué un rôle déterminant. Parmi elles, M. Escarfail, père d'une des victimes, a porté ce combat avec une force exceptionnelle. Contrairement aux policiers, susceptibles d'être accusés de dérives sécuritaires, lui pouvait s'exprimer en tant que victime sans craindre ces accusations. Pourtant, il a tout de même été la cible de critiques, notamment du Syndicat de la magistrature, qui l'a affiché sur le tristement célèbre « Mur des cons », aux côtés d'enquêteurs engagés dans cette bataille judiciaire et politique, dont moi !

Vous l'avez vu en face, Guy Georges ?
Oui. Sa capture a marqué un moment clé de l'affaire, notamment avec la fameuse montée des marches du Quai des Orfèvres, où enquêteurs et magistrats voulaient voir le visage du monstre qu'ils traquaient depuis sept ans. Il est resté mutique devant le juge. Mais ce qu'il nous a dit ensuite était glaçant : « Si je sors, je recommencerai. » Jugé, il a été condamné à la perpétuité avec vingt-deux ans de sûreté. Depuis 2020, il est théoriquement admissible à une libération conditionnelle, mais je ne vois pas quel juge pourrait apposer sa signature sur le bon de sortie…

Être une femme dans la police, qu'est-ce que cela implique ?
Rien, sauf pour ceux qui observent de l'extérieur ! Parce que moi, quand j'ai monté les marches de la préfecture de police, stagiaire, il y avait des affiches : LA POLICE, UN MÉTIER D'HOMME.

Donc déjà, j'étais un peu conditionnée, je savais que j'entrais dans un monde d'hommes, mais je n'ai jamais subi aucun sexisme.

Vous n'avez jamais ressenti que le fait d'être une femme était… un problème, une étrangeté, au moment où vous y arrivez ?
Si, un peu, mais pas venant de moi. Moi, je ne me posais pas de questions, j'étais dans l'enthousiasme de l'exercice du métier. En revanche, j'ai bien vu qu'au niveau des directeurs, ça coinçait. Pour la hiérarchie, les femmes, c'était un facteur de « trouble ». Vous voyez, ça fait des gosses, ça s'absente… et puis, peut-être qu'une fois par mois, elles ne seront pas trop bien, et puis ceci, et puis cela… Il y avait plein de préjugés.

Une femme, ça va semer le trouble ?
Oui, voilà, « ça va troubler le poulailler », comme ils disaient. Des trucs complètement grotesques. Mais ce n'était pas du tout la perception des collègues directs. Eux, ils se posaient la question, certes, mais au moins, ils avaient l'intelligence de se dire : « On verra bien. »

Avez-vous dû faire vos preuves plus qu'un homme ?
Oui, quand même, un peu. Au début, il ne fallait pas se louper. Je crois que j'ai eu la chance d'avoir une autorité naturelle qui passait bien. Je pense qu'ils sentaient que je n'avais pas l'intention de me laisser faire. Mais en même temps, je les respectais énormément, j'étais passionnée par ce qu'ils faisaient. Je leur posais des questions : « On en est où dans telle affaire ? » Donc ça passait. Ils voyaient que je n'étais pas dans ma tour d'ivoire, enfermée dans un bureau.

Comment vous appelaient-ils ?
Comme ils voulaient, mais pas « Patronne ». « Patron », comme les hommes. Ou « Madame ».

Vous avez fait des filatures, infiltré les Stups, dirigé la Mondaine… Qu'est-ce qui vous a le plus marquée ?
Guy Georges, évidemment. Mais aussi la prostitution. Les filles de la Goutte-d'Or : soixante-dix passes par jour. L'horreur absolue. Les call-girls, les réseaux, Madame Claude…

Vous l'avez arrêtée ?
Oui. Elle était récalcitrante, mais ça s'est bien fini. Enfin… pour moi.

Et les voyous ? Existait-il un respect entre flics et truands, à l'époque ?
À la PJ, il y avait des règles. On sautait sur eux à l'interpellation, mais après, la procédure devait être irréprochable. Je disais toujours à mes gars : « Votre arme, c'est votre stylo et votre machine à écrire. »

On sent qu'il n'y a pas de militantisme affiché chez vous. Vous êtes une femme qui a effectué son travail avec engagement, avec une grande rectitude. Mais votre vrai acte militant, c'est peut-être d'avoir recruté et fait monter des policières. Que leur avez-vous transmis ?
Déjà, dans mes choix, j'ai toujours dit que je voulais des femmes qui aient un certain esprit sportif. Pas forcément des athlètes, mais des filles bien dans leur peau. Parce que dans un monde d'hommes, il faut encaisser. Vous savez, il y a toujours des petites vannes, des taquineries.

Ça n'a jamais dérapé ?
Non, parce que c'était bon enfant. Mais je n'aurais jamais toléré, ni elles non plus d'ailleurs, de la grossièreté ou un manque de respect. Ça, c'était hors de question.

Vous pensez avoir fait les bons choix dans vos recrutements ?
Ah oui, je ne me suis pas trompée. Ce sont des filles qui ont bien évolué au sein des groupes, qui ont su trouver leur place sans se laisser marcher sur les pieds. Et ça, c'est une vraie fierté.

Avez-vous des regrets ?
Bien sûr, toujours un peu. Mais comme je vous l'ai expliqué, c'est surtout cette espèce de culpabilité qu'on se met dans la tête. Sur Guy Georges, par exemple : *Pourquoi il nous a échappé ? Pourquoi on est là, devant ce cadavre ? Qu'est-ce qui n'a pas marché ?* Ces regrets, ils sont partagés par toutes les équipes qui ont travaillé sur le dossier. C'est inévitable.

Quand on parle des grandes affaires de votre carrière, on a l'impression de revivre notre propre histoire médiatique. Vous avez mené des enquêtes qui ont marqué tout le monde… On parlait de Guy Georges, mais il y a aussi Lady Di.
Oui, et vous voyez, cette affaire a eu cinq expertises, donc ça va, ça a été bien recoupé. Mais dès les premières constatations sur la voie publique, on avait déjà une vision assez claire de ce qui s'était passé.

C'est-à-dire ?
Le chauffeur de Lady Di arrivait à une certaine allure, parce qu'il avait les paparazzis aux fesses. Et puis, au même moment, la fameuse Fiat Uno arrive du cours Albert-Ier et gêne son passage, alors il donne un coup de volant fatal, mord le trottoir. Et là, avec la vitesse, la Mercedes part en vrille. La Fiat blanche

a dû avoir la trouille de sa vie. On l'a retrouvée, mais l'homme qui la conduisait avait un alibi : il travaillait cette nuit-là, et on n'a jamais réussi à le démonter. Pourtant, sa voiture a été repeinte. D'abord blanche, puis rouge. Bizarre, non ? On a l'intime conviction que c'était lui. Mais bon, ça ne change rien, un accident reste un accident.

Cette enquête, ça a été un gros boulot ?
Oh que oui ! Il a fallu que je motive mes gars au départ, parce qu'ils me disaient tous : « Mais chef, c'est un accident, on n'est pas sur un crime ! » J'ai répondu : « Oui, mais c'est un accident interplanétaire. »

Avez-vous connu des femmes voyous ?
Oh oui, aussi vicieuses que les hommes ! J'ai même eu des indics femmes. En police judiciaire, il faut avoir des indics. Ceux qui disent que c'est trop dangereux, que ça ne sert à rien, n'ont rien compris. Bien sûr qu'il faut faire attention. On manipule de la nitroglycérine, donc il faut savoir les cornaquer.

Votre plus grande fierté ?
Que mes équipes fassent de belles affaires, sans blessés, sans morts. Et que des criminels soient mis hors d'état de nuire. C'est notre boulot. On est payés pour ça, non ?

Quatre mots pour résumer votre vie ?
Loyauté. Opiniâtreté. Courage. Et esprit de famille.

Lorsque nous avons clos notre entretien, la notion de regrets m'a interpellée.

Au fur et à mesure de mes rencontres, peu de femmes me confiaient en avoir eu. Martine, si. Le regret de n'être pas allée plus vite dans l'enquête sur le tueur en série, le regret de n'avoir pu sauver des vies. Je trouvais sa sincérité noble et touchante.

Dans la soirée, je ne sais pas pourquoi, j'ai pensé à mon arrière-grand-mère, Mamé. Je ne l'ai pas connue, mais je sais qu'elle a porté, jusqu'à la fin de ses jours, un terrible regret.

Juin 1940. Les Allemands sont à Paris. Ils ont lancé leur offensive depuis le 10 mai. Plus de huit millions de Français fuient sur les routes vers le sud (mais aussi des Belges, des Néerlandais, des Luxembourgeois). La population garde le souvenir des exactions d'août 1914 : massacres, viols, occupation brutale; personne ne veut revivre ce cauchemar.

La chaleur est étouffante et toutes sortes de gens s'y meuvent lourdement. Des vélos, des charrettes avec âne ou cheval, des landaus, un foutoir de caisses, de paquets, de frusques entassées, de matelas, de paniers. Ainsi que des voitures, pour ceux qui en ont une, rasant le plancher, bourrées jusqu'au toit et au-delà, où sont entassés adultes mais surtout enfants, rouges et hirsutes.

Parmi elles, au volant d'une petite Juvaquatre Renault 4 places, Mamé, mon arrière-grand-mère. Je l'imagine échevelée, elle qui porte d'habitude un beau chignon, déterminée à tout pour protéger ses cinq enfants à l'arrière. Car le siège avant est recouvert de paquets et de sacs, ainsi d'ailleurs que le toit, tandis que dans le coffre sont calés, entre autres, bidons d'eau et d'essence. On ne sait pas combien de temps durera le voyage.

Une poussière tournoyante vient coller au pare-brise, on entend des cris, des aboiements, et puis les avions *Stukas* qui tirent soudain en piqué sur ces colonnes harassées. Avancer…

Avancer. Mamé, accrochée au volant, essaie de calmer les cris des enfants… « On est bientôt arrivés ? », « J'ai soif ! », « J'ai faim ! », « Régis, y prend toute la place ! » Il faudrait s'arrêter, les faire boire, leur donner au moins du pain. Impossible. Il faut attendre un prochain village, sinon on n'est pas sûr de repartir. La Juvaquatre souffre. Soudain, Mamé aperçoit une petite fille de six ou sept ans sur le bord de la route. Elle pleure, lui fait de grands signes.

Elle appelle au secours la voiture pour s'y réfugier, elle avance vers la porte et mon arrière-grand-mère la regarde, pétrifiée. Non, elle ne peut pas la prendre. Brigitte est déjà allongée sur les autres qui étouffent, et la voiture ne supportera pas même un petit poids supplémentaire… Les larmes aux yeux, elle fait signe à l'enfant de reculer en lui montrant l'arrière de la route, où elle trouvera sans doute une autre aide… C'est un moment atroce, la petite cogne sur la vitre, et Mamé avance irrémédiablement, en pleurs…

Elle a pensé à cette petite fille toute sa vie.

LES INDESTRUCTIBLES

Certaines histoires vous coupent le souffle. Elles parlent de douleurs profondes, d'injustices criantes, de silences. Et pourtant, ce ne sont pas des récits de victimes. Ce sont ceux de femmes qui ont traversé la nuit sans perdre la lumière : elles ont été brisées ou niées, abandonnées parfois, mais jamais détruites.

Céline Greco, professeure de médecine, a transformé son enfance fracassée en une vocation : protéger les plus vulnérables, mettre en place une médecine de la douleur pour les enfants. Bambou, elle, parle de l'abandon, du vide, de ce que l'enfance peut arracher – et de ce qu'on peut en faire, malgré tout. Julie Bourges porte sur sa peau les traces du feu, et dans ses mots une incroyable force de vie : elle inspire, elle aide, elle incarne. Angélique Cauchy a brisé l'omerta du monde du sport en parlant, en poursuivant son agresseur, en imposant le récit des victimes dans l'espace public. Nathanya Sion, jeune femme marquée par des abus multiples, refuse qu'on la définisse par ce qu'elle a subi : elle écrit et agit. Karine Dabadie, médecin légiste, a transformé les violences subies dans son enfance en un combat pour les autres. Aux Antilles, elle a mis en place un protocole pionnier pour protéger les femmes. Rachida Dati, enfin, issue d'un milieu modeste, a fait de son énergie un moteur pour imposer sa voix dans les plus hautes sphères du pouvoir, sans jamais renier ses origines.

Toutes nous rappellent que la résilience n'est pas un conte de fées : c'est un combat. Mais un combat qu'elles ont choisi de mener debout, les yeux ouverts, et la voix haute.

Céline Gréco

Il y a des gens comme ça qui ont l'air d'une brindille, d'un objet fragile qui va se casser au moindre choc. Mais de ce rameau jaillissent force et volonté. Et on se retrouve face à un chêne : Céline Gréco est professeure de médecine spécialisée dans la douleur infantile. Elle a été une enfant martyre, et maintenant elle prend soin des petits. On sait qu'auprès d'elle, de ce chêne déguisé en brindille, rien de mal ne nous arrivera. Et en plus, elle aime les chats !

Une infirmière scolaire vous a sauvé la vie quand vous aviez quatorze ans ?
Oui. Je venais d'arriver en seconde dans un lycée des Yvelines où finalement on n'était plus personne. J'arrivais d'Auvergne, mon père était le directeur de l'usine du village. C'était une usine de métallurgie qui employait tous les parents de mes amis, les conjoints de mes profs. Ce village était vraiment le symbole de la hiérarchie dans cette usine : la maison du directeur était en haut de la colline ; en bas, il y avait les maisons des ingénieurs ; et au fond, les HLM des ouvriers… Et donc, je vivais, avec ma sœur, pas mal de violences dans ma famille.

De la part de vos deux parents?
Non. Uniquement de la part de mon père. Mais comme c'était le directeur…

Et votre maman était complètement effacée?
Oui : il y en a forcément un des deux qui ne dit rien, ce qui était le cas de ma mère. Elle essayait de nous aider, mais elle ne s'est jamais opposée à lui… parce que ça a été aussi un travail de mon père sur elle pendant des années : la persuader qu'elle ne valait rien; que si elle partait, elle n'aurait pas d'argent. Donc elle est restée. Il n'y avait vraiment personne pour nous aider, parce que, comme on était d'un milieu favorisé, personne ne soupçonnait qu'on pouvait subir des violences.

Quel type de violence?
Mon père voulait que je joue parfaitement du piano. Une faute, c'était un coup de ceinture. Trois fautes, trois coups. Au-delà, je n'avais plus le droit de manger ou j'étais enfermée dans la cave.

Combien de temps y passiez-vous? Une heure, deux heures, la nuit?
C'était long, mais je ne saurais pas dire combien de temps dans le noir et dans le froid. Il y avait tout un tas de punitions en plus des coups : la privation de nourriture ou me raser la tête, le vendredi soir, quand il considérait que je n'avais pas assez bien travaillé. Il pouvait aussi jeter toutes mes affaires, me laisser avec un seul jogging trop petit pour aller au collège pendant deux ou trois semaines. Son but était de m'humilier. Cela a duré jusqu'à notre déménagement dans les Yvelines, où mon père n'avait plus le même statut social. Là-bas, nous étions devenus anonymes. C'est alors que l'infirmière scolaire a compris que quelque chose n'allait pas et a donné l'alerte.

Vous aviez perdu énormément de poids ? Vous n'êtes toujours pas tellement épaisse.
Oui. Mon poids, c'est le hic. Avant que quelqu'un ait envie de dire que j'ai de la chance, mon poids c'est le moyen de lui montrer qu'il y a quelque chose qui cloche : « Pas épaisse, il doit y avoir un truc. » J'ai toujours peur – et encore aujourd'hui – qu'en étant prof de médecine, cheffe de service à Necker, avec un mari génial, un bel appartement, les gens disent : « De quoi elle se plaint ? Elle a bien réussi. » Et ça, ça nie le passé. Tous les ans, on commémore par exemple les attentats du Bataclan, l'Holocauste : on a besoin de ces moments de commémoration collective où l'on se rappelle pour que ça n'arrive plus, mais on n'a pas de mémorial individuel de la souffrance. Alors, il y a des gens qui se scarifient, des gens qui sont en surpoids ou, comme moi, en sous-poids. C'est un peu ça notre mémorial individuel de la souffrance. Et on a besoin de ce mémorial aussi en face des autres pour que le passé ne soit pas nié, vous voyez ? Donc j'ai du mal à prendre du poids, c'est comme un doudou.

Un doudou ? C'est fou comme expression.
Oui, mais ça me rassure. Quand j'étais en troisième, vraiment, j'en pouvais plus. Les violences de mon père s'exacerbaient et moi, j'avais vraiment envie de mourir. Donc, il se serait passé quelque chose : soit j'aurais pris un mauvais coup, soit je me serais jetée par la fenêtre. Et j'ai trouvé une troisième alternative qui était de me dire : *Je vais maigrir, je vais arrêter de manger, comme ça, peut-être qu'il va se rendre compte que je suis malheureuse et peut-être va-t-il changer.* Ça lui était destiné, mais c'était très utopique de ma part de penser ça.

Il se comportait de la même manière avec votre sœur ?
Non. C'était très focalisé sur moi. J'avais deux ans et demi quand il m'a offert ce piano, notre famille s'est scindée en deux. Lui a commencé à s'occuper de moi et du piano. Et ma mère s'est beaucoup occupée de ma sœur qui, à l'époque, venait de naître. On a deux ans et demi de différence. Elle est née à cinq mois et demi, très prématurée.

Cinq mois et demi, c'est un miracle !
Ça, c'est sûr. Elle aussi, elle est tenace. Alors, on a vécu dans la même maison, mais finalement assez en parallèle : ma mère était tout le temps avec ma sœur, et moi avec mon père. Ma sœur a subi des violences psychologiques. Par exemple, toute petite, elle avait pris l'habitude, quand j'étais enfermée dans la cave, de descendre pour voir si j'avais besoin de quelque chose. Et je lui passais un petit mot sous la porte. Ou alors, quand je n'avais pas le droit de manger, elle venait me cacher de la nourriture dans mon armoire à vêtements. Sa chambre était juste au-dessus de la salle qu'on appelait « salle de jeu », où il y avait le piano. Et donc elle me disait : « Quand le piano s'arrête, je suis sur le qui-vive et je tends l'oreille pour savoir ce qui est en train de se passer. » Elle a vécu dans un climat de violence et de terreur.

Donc, à quatorze ans, vous êtes tellement maigre que ça inquiète cette infirmière. Que fait-elle alors ?
En fait, le fait d'avoir perdu du poids n'a pas du tout alerté mon père. Et au collège, en Auvergne, le prof d'histoire avait même blagué là-dessus en disant : « Attention, mademoiselle Gréco, vous allez bientôt disparaître ! » Bref, ça n'avait alerté personne.
Dans les Yvelines, ce qui s'est passé c'est que, le jour de la rentrée en seconde, notre professeure principale nous a demandé

d'écrire, au recto des fiches de présentation, les trucs lambda – profession des parents, tout ça – et au verso ce qu'on voulait. Et moi, j'ai écrit que je faisais quarante-cinq heures de piano par semaine. Et le lendemain, l'infirmière scolaire m'attendait à la récré pour me faire venir dans son bureau. Et au départ, elle pensait me demander de faire un sacrifice ! Elle m'a dit : « Voilà, il va y avoir le bac. Les quarante-cinq heures par semaine, c'est… beaucoup, il va falloir faire un peu moins de piano. » Je lui ai répondu : « Mais je déteste le piano ! » C'est la seule chose que je lui ai dite. Cette infirmière a eu la présence d'esprit de se dire : « Ouh là, il y a un truc qui ne va pas là. Elle fait trente kilos et elle n'aime pas le piano. » J'ai mis beaucoup de temps à me confier à elle. Je craignais qu'elle appelle mon père et que la sentence soit terrible. Mais, petit à petit, j'ai pris confiance et lui ai raconté ce que je vivais à la maison. Lorsque je venais au lycée avec des hématomes, elle appelait le médecin scolaire pour faire des constats de coups et elle a fait un signalement. J'ai été auditionnée à la brigade des mineurs et placée dans un foyer. Et le procureur de la République a porté plainte contre mon père. Il y a eu un procès, mais je ne l'avais pas demandé, j'étais pas du tout en état. Mon père a été condamné à de la prison avec sursis, des dommages et intérêts, et une mise à l'épreuve. Ce n'est pas la condamnation qui est importante pour moi, c'est la reconnaissance, ce que n'a pas ma sœur. Moi, j'ai un papier du tribunal qui dit que je suis victime et qu'il est coupable. J'aurais eu du mal à supporter qu'il aille en prison à cette époque-là. Et je ne voulais pas porter préjudice à ma mère.

Avez-vous compris l'obsession de votre père ?

Petit, on ne cherche pas vraiment à comprendre, on vit la violence. Moi, jusqu'au collège, je pensais que c'était la vie normale, donc je n'en ai jamais parlé à personne parce que je

m'étais dit : « Les gens vont me répondre : de quoi tu te plains ? C'est comme ça partout ! »
Au collège, j'ai compris que ce n'était pas normal, parce qu'on comparait nos vies : « Tu as fait quoi hier soir ? », « Moi, j'ai regardé un film avec mes parents », « Moi, je suis allée chez machine. » Moi, je ne faisais rien : j'avais fait du piano, pris des coups, j'avais été enfermée, je n'avais pas mangé. Et là, je me suis rendu compte qu'il y avait un truc qui n'allait pas.
Mais à ce moment-là, je n'ai pas parlé non plus en me disant : « Je ne peux pas trahir ma famille, je ne peux pas porter préjudice à mes parents. » On ne parle pas pour différentes raisons : on craint vraiment d'être celui par qui le tsunami arrive. Donc beaucoup de silence. J'ai cherché à comprendre plus grande, une fois que j'étais partie.

Il avait aussi subi de la violence, petit ?
Oui. Mes parents, c'est la rencontre de deux êtres écorchés. Ma mère a vécu dans un milieu très pauvre et son père était alcoolique. Elle voyait sa mère, qui comptait les sous le 5 du mois, en se promettant qu'elle ne vivrait pas ça une deuxième fois. Elle m'a toujours dit : « De toute façon, pour que ça ne crie pas dans un couple, il faut qu'il y en ait un des deux qui s'écrase. » Ça, elle me l'a toujours répété.
Mon père a aussi grandi dans la violence : son père était ultraviolent, méchant avec sa femme et ses enfants : il fallait être parfait. Une fois, mon père est rentré de l'école, il avait 8 sur 10 en maths, mais il a juste eu le temps de dire 8, alors il s'est pris une trempe. Il n'a pas eu le temps de dire que c'était sur 10. Ensuite, il est devenu bègue de peur. Il a bégayé jusqu'à ce qu'il prenne des cours, à l'âge adulte.

Après sa condamnation, il n'y a pas eu de tsunami familial, alors?
Non, mes parents sont repartis ensemble à la maison avec ma sœur. Moi je suis temporairement revenue à dix-huit ans parce que je voulais la prendre sous le bras et qu'on parte toutes les deux. Quand je suis rentrée, vraiment, c'était incroyable : on n'en a jamais reparlé. C'était comme si j'étais partie en vacances une semaine et que je revenais avec ma valise. La famille de mon père n'était pas au courant que j'ai été placée toutes ces années!
Ensuite, on est parties, ma sœur et moi, dans des conditions un peu rocambolesques : j'avais passé mon permis, j'ai attendu qu'il aille se coucher, j'ai fait tous les cartons de notre chambre et, quand il est allé bosser le matin, on est parties et plus jamais revenues. Au début, on avait un peu peur, alors on s'est mises sur liste rouge.

Vous avez vécu ensemble?
Oui, j'avais trouvé un super plan : la société Le Richemont, qui loue pour les couples boursiers ou les fratries boursières. Et j'avais rencontré une super assistante sociale du Crous qui nous avait obtenu deux bourses à l'échelon maximal. J'entrais en médecine à ce moment-là et je voulais faire de la recherche en parallèle. Grâce à la fondation Bettencourt-Schueller, j'ai pu réaliser ce rêve de double cursus médecine/science. Sans leur soutien, cela aurait été impossible car j'aurais dû travailler en plus de mes études pour subvenir à nos besoins.

Mais aujourd'hui, vous ne les revoyez pas?
Je vois ma mère seulement.

À l'époque, aviez-vous déjà cette conviction que vous deviez être médecin ?
Depuis toute petite ! Ma mère me dit : « Depuis que tu sais parler, tu dis que tu veux être médecin. » C'est une vocation et je pense que j'avais le bon état d'esprit.

Et votre sœur, que fait-elle ?
Elle est médecin aussi.

Le placement, c'est un souvenir très dur aussi, peut-être ?
C'est dur et en même temps c'est simple : si je n'avais pas été placée, je serais morte. Après, et c'est aussi pour ça que j'ai monté l'association IM'PACTES, il y a beaucoup de choses à améliorer en protection de l'enfance. Moi, par exemple, quand je suis arrivée, je pesais trente et un kilos, je n'ai pas été vue par un médecin. Pour être placé à l'aide sociale à l'enfance, il faut avoir vécu des violences ou des négligences graves – il y a aussi des enfants malheureusement qui ont perdu leurs parents et qui sont pupilles de la Nation ou pupilles de l'État. Moins de 10 % de ces enfants ont un suivi de leur santé. Ils perdent vingt ans d'espérance de vie. Et par ailleurs, la scolarité est extrêmement impactée aussi, puisque moins de 5 % des jeunes s'engagent dans des études supérieures. 45 % des jeunes sans-abri de 18 à 25 ans sont issus de l'ASE. C'est la double peine, un gâchis inacceptable. IM'PACTES, l'association que j'ai fondée en 2022, vise à accompagner les enfants, adolescents et jeunes majeurs de 0 à 25 ans, confiés à l'Aide Sociale à l'Enfance, dans leur santé, leur scolarité, leur accès à la culture et leur insertion professionnelle pour éviter cet engrenage fatal.

Vous étiez incroyablement tenace, parce que le foyer était à deux heures trente du lycée…
Je me levais à 4 h 30 et j'arrivais à 8 heures au lycée. Et le soir, rebelote, dans l'autre sens. J'ai du mal à monter dans un RER aujourd'hui ! Je n'en pouvais plus, vraiment. Quand je passais par Paris et que je rentrais tard, entre Gare d'Austerlitz et Choisy-le-Roi, il n'y avait pas d'arrêt. Et c'était dix minutes, toute seule, dans un wagon, l'angoisse. Mais vraiment, je voulais faire médecine, je n'ai pas lâché, j'avais un peu été dressée à ça. Mon père m'a toujours répété, petite : « Je t'aurai, t'en crèveras mais je t'aurai. » Très vite, on a été dans une espèce de jeu d'échecs, où il ne fallait pas que je sois échec et mat. Et donc, « Marche ou crève », ça a été vraiment ma devise intérieure.

Incroyable de dire ça à son enfant : « T'en crèveras, mais je t'aurai. »
Oui… Il n'a pas dit que ça, mais il a notamment dit ça ! Il voulait me faire plier.

Il est lui-même pianiste ?
Non, pas du tout. Lui, quand il était petit, il voulait être pianiste. Mais comme ses parents étaient pauvres, mon grand-père était mineur en Lorraine, il a fait de l'accordéon. Et on dit que c'est le piano du pauvre, donc je pense qu'il a voulu réaliser un rêve et que je suis devenue l'extension de ses mains, mais pas vraiment un être humain à part entière.

Vous avez cassé la chaîne, vous ?
Oui, et ma sœur aussi. Mes deux parents ont perpétué cette tradition de violence, parce que personne ne leur a dit à un moment que ce qu'ils avaient vécu, ce n'était pas normal. Alors que nous, on a eu cette chance-là. Moi j'ai deux chats,

ma sœur a deux enfants et je pense que les filles de ma sœur ont une belle enfance. Et donc, on a réussi à casser ça.

Vous ne voulez pas d'enfants?
Non, pas pour l'instant, en tout cas. Moi, je serais plus pour l'adoption. C'est-à-dire que, surtout dans le monde actuel, je me dis qu'il y en a déjà qui sont malheureux. Pourquoi aller en faire?

Vous réussissez brillamment vos études de médecine et vous vous spécialisez dans la douleur. Ça, c'est aussi l'histoire d'une vie.
... Un hasard. En fait, je voulais faire de la cancérologie et un jour, alors que j'étais en stage, je me suis rendu compte que la prise en charge de la douleur, ce n'était vraiment pas génial. Et je me suis dit que j'avais un boulevard pour faire de la recherche sur la douleur, ce qui me passionne. Et puis, petite, en Auvergne, je ne savais pas du tout ce qu'était Necker, mais j'avais vu à la télé cet hôpital incroyable, donc j'avais toujours dit que je voulais être médecin à Necker.

Vous semblez animée d'une force exceptionnelle. Qu'est-ce qui vous pousse à continuer?
Je veux que ces enfants deviennent des adultes heureux. C'est ma mission. On ne peut pas accepter que les violences réduisent l'espérance de vie comme un cancer. Je me bats pour qu'on regarde cette réalité en face et qu'on change les choses.

Le piano?
J'ai arrêté longtemps puis j'ai joué quelques fois pour des patients qui étaient en soins palliatifs, puis j'ai de nouveau arrêté. Il y a quelques mois, sous l'impulsion de Sébastien Bazin et à l'occasion d'un concert au Lido destiné à lever des fonds afin de créer le premier Centre d'Appui à l'Enfance en

France, je m'y suis remise. Et pour la première fois avec plaisir parce que je savais que, cette fois-ci, je jouais pour la cause des enfants.

Et les échecs, c'est quoi ? C'est quand même un système qui déconne ?
Je vois toujours le verre à moitié plein : je ne vais pas voir les échecs, je vais voir comment on peut faire pour les transformer en quelque chose de positif. Bien sûr, il y a des choses que je n'ai pas obtenues dans ma vie, j'en tire une expérience et j'essaie de contourner. Je pense que j'ai été habituée à ça : quand je me retrouve devant une porte fermée, en général, j'essaie de passer par la fenêtre.

Donnez-moi quatre mots qui vous semblent très importants pour réussir sa vie.
L'affection. L'amour. La joie. Le bonheur. Et l'empathie.

Il doit y avoir aussi le mot « travail » à votre Panthéon ?
Pas vraiment. C'est-à-dire que quand on est passionné par ce qu'on fait, on ne travaille pas, en fait.

Non mais à travers l'amour, l'affection, la joie et l'empathie, vous êtes vraiment dans le domaine des émotions humaines positives ?
Oui !

Il y a des gens qui me disent le mot « liberté »... Vous voyez ?
Je pense que quand on a ça, on est libre, non ?

Toutes les informations pour aider et devenir bénévole : *https://association.impactes.fr/*

J'ai été éblouie par cette femme fluette et minuscule qui aime les chats. Dont le corps dit : « Je suis insignifiante, je veux disparaître » quand tout le reste de sa vie raconte le contraire : l'engagement, la force, la droiture, la volonté. Le problème avec la violence, c'est qu'elle s'immisce comme une amie intime : si vous ne la ressentez pas tous les jours, elle pourrait presque vous manquer.

Moi, ça m'est venu tard, cette affaire-là, celle de l'engagement. Alors que la sensation d'être un lapin de garenne, le jour de l'ouverture de la chasse, m'est venue assez tôt. Au départ, j'ai juste voulu tremper un bout d'orteils, pour voir comment était l'eau : je me suis enrôlée dans une association de femmes, vaguement agissante. On déjeunait de temps à autre, rien de très folichon. Un jour, pendant un tour de la grande table, j'ai demandé à la trentaine de femmes réunies pour ripailler dans cette salle sans fenêtre si elles avaient elles-mêmes subi une agression sexuelle, un outrage, une violence… Statistiquement, une évidence. Mais non : toutes avaient été miraculeusement épargnées. Leur engagement ? Tombé du ciel.

Ah d'accord, moi aussi alors !

… Et puis quelques mois après, il y a eu un beau bordel : on s'était étripées sur les César 2020 et l'affaire Polanski… César, oui ou non ? On communique ? On dit : « C'est un scandale » à l'AFP ? Il y avait celles qui pensaient que, si on n'était pas d'accord, il ne fallait pas y aller ; et les autres pour qui le César était indigne. Deux clans s'affrontaient. Alors, le lendemain, nous nous étions réunies dans un café pour régler nos comptes gentiment, autour d'un verre. Nous étions sept ou huit à la fin de la soirée et j'ai posé de nouveau la question. Une première a répondu : « Oui »… Et les vannes se sont ouvertes, ce soir-là au café de l'Alma : « Moi, mon père… », « Moi, un cousin… », « Moi, un ami de la famille… ».

L'une a raconté un souvenir : les mains de son père qui fouillait sous son lit quand elle s'y terrait pour lui échapper. Elle se collait contre le mur et voyait le bras s'avancer vers elle en tapant sur le sol. Je revois ce geste qu'elle reproduisait, comme une automate.

Elles avaient toutes dit « moi aussi ». Toute, sauf une, et ses larmes coulaient tranquillement sur ses joues : tout à coup, elle prenait #MeToo en pleine face. C'étaient des corps et des voix familières, c'étaient ses amies. Nous étions stupéfaites. Je crois que nous n'avions pas conscience de la multitude. Jusqu'alors, chacune avait essayé, tant bien que mal, de vivre avec son désastre.

Nous étions des soldats isolés et silencieux, nous sommes devenues une armée, pas une communauté. Une armée sans tête, sans général et sans projet. On était sidérées par cette évidence nue : c'était partout, dans toutes les familles, dans tous les cercles. Alors on a compté, on a écrit des tribunes, des hashtags, des livres, réalisé des podcasts. Mais on n'a pas su faire nombre.

On sait maintenant, à peu près, combien nous sommes, mais on ne sait toujours pas comment on gagne.

Bambou

C'est l'histoire d'un tout petit bébé abandonné, Caroline. À quelques mois, elle est prise en charge par une famille d'accueil dans le Morvan. Là-bas gît son enfance : une décennie de violences, de privations, d'humiliations. À treize ans, elle est enfin récupérée par sa mère biologique, mais le cauchemar continue. Alors, pour survivre, Caroline se noie dans la drogue. Des années plus tard, elle croise la route de Serge Gainsbourg. Entre eux, un lien étrange et profond. Leur histoire réunit deux âmes brisées, deux enfants de la guerre. Et Caroline von Paulus devint Bambou, la dernière muse de Serge Gainsbourg.

Vous dites que vous avez été Cosette chez les Thénardier ?
Oui, exactement. J'ai grandi dans une famille d'accueil, une famille payée par l'État, dans le Morvan. Mais ce n'étaient pas des parents, c'étaient des bourreaux. Je n'ai jamais dit « papa » ou « maman » à personne. Jamais. Ni à eux ni à mes parents biologiques. C'était impossible.

Vous avez été battue, affamée, humiliée dès votre petite enfance.
On était traités pire que des chiens. Ils me disaient eux-mêmes : « T'es comme le chiendent, ça repousse toujours. » J'avais un an et demi, j'étais un colis posé dans la neige. Ils m'ont accueillie

comme un fardeau, m'ont posée sur une chaise, sans même m'enlever mon manteau, et ils m'ont dit : « Si tu bouges, si tu casses ta poupée, on te tape. » Ils m'ont volé cette poupée, mon seul trésor, pour la donner à leurs filles. Et moi, j'ai appris à me tenir droite, figée, invisible pour ne pas souffrir davantage. J'ai reçu un martinet en cadeau pour mes six ans. Et à Noël, on me confisquait mes bonbons. J'étais l'intruse, l'enfant qui ne valait pas l'amour. L'enfant qui ne valait rien.

Votre mère venait vous voir de temps en temps.
Oui. Elle arrivait, belle, lointaine. Je les entendais murmurer, la traiter de pute. Elle passait très rapidement et me regardait avec dégoût. Sur ses six enfants, elle n'aimait que les plus jolis. L'amour, chez elle, passait par la beauté et moi, je n'étais pas belle à ses yeux.

Elle aussi a connu l'horreur.
Oui. Elle a été violée pendant la guerre. Elle venait d'une famille aristocratique en Chine, qui avait été massacrée. Elle a été envoyée comme espionne au Vietnam, arrêtée, violée. C'est là que mon père l'a rencontrée. Il est tombé fou amoureux d'elle, elle a vu en lui une porte de sortie. Mais aucun d'eux n'est jamais revenu vraiment de cette guerre.

À l'école, on vous appelait « la Jaune ».
Oui, l'insulte résumait tout. J'étais marginale. Le seul endroit où j'existais, c'était dans les livres : je lisais tout, même la Bible. *Le Club des cinq*, Artaud, Pearl Buck. Je découvrais mes racines. Je découvrais un monde qui me disait que j'étais plus que ce qu'on me faisait croire.

Vous quittez le Morvan à treize ans. Vous vivez à Paris avec votre mère. Mais rien ne s'améliore.
Je dormais par terre. Pas de matelas. J'étais là pour faire nombre dans la demande de HLM. Et à seize ans j'ai pris mon passeport et je suis partie. Et personne ne m'a cherchée.

Vous dormez dehors. Vous volez pour survivre.
Oui. Je dormais dans des cages d'escalier, sur des bancs. Je volais des mobylettes, des Solex que je revendais. Je suis même allée jusqu'à casser une vitrine pour voler un livre d'Artaud. Et cette nuit-là, dans une cage d'escalier, en lisant Artaud, c'était une des plus belles nuits de ma vie.

Vous tombez dans la drogue.
Je ne voulais pas rester dans ce monde où je ne trouvais pas ma place. J'ai tenté de me suicider, mais même la mort n'a pas voulu de moi. La drogue, c'était un moyen de partir doucement, de m'anesthésier, de mourir à petit feu. J'en avais honte, mais c'était ma façon de survivre. Tous mes amis sont morts, souvent du sida, autour de moi.

Et puis, il y a Serge Gainsbourg.
Lui, c'est le premier à m'avoir regardée autrement. Il m'a donné ce nom, Bambou. Il m'a donné une place. Je l'ai rencontré dans une soirée où je ne voulais pas aller. Il a envoyé un type me dire qu'il m'invitait à prendre un verre. Je l'ai rembarré net. Alors Serge a traversé la salle vers moi et a posé son seau de champagne sur ma table et m'a dit : « Le vieux con vient à ta table, espèce de boudin. » Il m'a fait rire tout de suite. C'était parti.

Pas très #MeToo compatible ! Étiez-vous deux naufragés ?
On veillait l'un sur l'autre. C'était un système de vases communicants. Quand l'un coulait, l'autre remontait. Il était encore hanté par le départ de Jane. Et moi, je n'avais jamais connu l'amour, j'étais toxico. On s'est trouvés. Il m'a demandé un enfant, mais je n'étais pas prête. Et puis, j'ai réfléchi et j'ai dit « oui ».

Ce qui vous a le plus manqué, c'est l'amour dans l'enfance ?
Oui, c'est une faille béante, on ne s'en remet jamais. Contrairement à Serge qui avait été très aimé, chouchou de sa mère juive russe. Mais son enfance n'a pas été épargnée : pendant la guerre, il a dû porter l'étoile jaune et se cacher. Un jour, pour échapper aux Allemands, le directeur de son pensionnat lui a remis une hache et l'a envoyé dans la forêt : « Si on te demande, dis que tu es le fils d'un bûcheron. » Il s'est construit un abri, et les enfants du pensionnat venaient chaque jour lui porter à manger, comme dans le conte du *Petit Poucet.*

La rencontre de deux enfants de la guerre : lui, le petit juif pourchassé et vous, la petite fille dont les parents n'étaient jamais revenus de la jungle vietnamienne ?
C'est exactement ça.

La vie avec lui, c'était parfois les dîners de show-biz que vous détestiez.
Oui, ces dîners-là, c'était l'enfer. Des gens qui riaient fort, qui se moquaient : ils l'invitaient pour mieux le voir sombrer. On lui servait à boire, on l'encourageait à se détruire, et ensuite on le traitait d'alcoolique. Moi, on me disait des horreurs quand il avait le dos tourné. Il ne se rendait compte de rien. Alors j'ai commencé à enregistrer les émissions où il ne tenait plus debout et je les lui faisais visionner le lendemain. Il

était bouleversé. Il ne savait pas que c'était à ce point, il a fait une dépression.

Vous avez arrêté la drogue pour Lulu.
Oui. C'était la condition. Il était hors de question de faire un enfant dans cet état. J'ai arrêté pour lui, pour Lulu, pour moi. Je pensais que j'étais stérile. Mais non : Lulu est arrivé.

Vous avez été indépendante très jeune.
Oui. J'ai vite compris que personne ne m'aiderait. J'ai toujours gagné ma vie. Et la maison est au nom de Lulu. Je voulais qu'il commence sa vie libre de mes casseroles. Quand il est né, j'ai pardonné aux Thénardier pour lui. Pour qu'il n'ait pas à porter ma colère.

Ont-ils compris ?
Non. Ils m'ont demandé de l'argent. Mais moi, j'étais déjà repartie.

Vous avez des regrets ?
Non. Tout ce que j'ai vécu m'a construite. Je suis entière.

Quatre mots pour bien vivre sa vie ?
L'humilité. La délicatesse. La bienveillance. Et la pudeur.

Une dernière phrase ?
« Moi, je me déguise en homme pour n'être rien », c'est de Picabia. Et ça dit tout : on se fabrique une façade. Pour survivre.

Quand cette femme sublime, Bambou, m'a quittée, sa vie m'est apparue comme surgissant d'un conte : Caroline au pays des horreurs. La lecture de son livre m'a laissée groggy, assommée.

Un film m'a aussi mise atrocement mal à l'aise. Pas du tout pour la même cause : chez Bambou le cœur se serre en pensant à la petite fille broyée ; chez Blier, on se fade les fantasmes poisseux d'un pur misogyne. Petite, j'étais choquée par ses films. Les vieux ricanaient : je ne pouvais pas comprendre. Grande, je suis toujours sidérée, les vieux ne ricanent plus : ils n'avaient rien compris.

La scène d'ouverture des *Valseuses* a peut-être, cela dit, une vertu pédagogique involontaire. Chacune a sans doute été confrontée à ce type de cauchemars : le type qui fonce, comme un taureau en rut, sur une femme qui n'a rien demandé.

Et toi, spectatrice, tu sais exactement ce que ça raconte : toi, tu ne le vois pas encore, mais lui, il est déjà là. Dans un fourré, sur un trottoir, dans un parking, à l'affût. Il t'a repérée, il va fondre. Tu presses le pas, ton cœur accélère et tu te dis : « Mais merde, il ne va pas me lâcher ? » Et plus tu marches, plus il te suit. Et plus tu penses à ce qui pourrait arriver, plus il se rapproche. Tu sens son souffle sur ta nuque. La panique. Vous l'avez, cette scène ?

Beaucoup des moments de ce film sont détestables, avec une mention spéciale à la scène du train : Brigitte Fossey, qui joue une jeune mère dans le film, y est agressée de façon particulièrement immonde. Des actrices ont dû se plier aux exigences de ce (sale) type de réalisateurs pour une place au soleil.

On dit qu'un bon accord, c'est quand tout le monde y gagne. Là, je crois qu'elles ont perdu beaucoup. Et nous aussi.

Julie Bourges

Il y a des dates qui nous percutent, qui marquent notre vie à jamais : une rencontre, un accident. Ce moment à partir duquel notre vie n'est plus jamais la même. Julie, c'est le 12 février 2013. Ce jour-là, à seize ans, elle prend feu. Trois mois de coma, Julie revient à elle chauve et décharnée, sans reconnaître son corps. Elle va devenir alors créatrice de contenus sous le pseudonyme de Douze Février, suivie par des centaines de milliers d'abonnés, pour nous dire qu'on peut se relever de tout.

C'est quoi, pour vous, être tenace ?
C'est continuer, même quand ça semble impossible. C'est faire face à sa vulnérabilité, l'accepter, et malgré elle – ou grâce à elle – se battre pour avancer. Être tenace, c'est chercher le positif dans ce qui vous détruit, toujours trouver une raison de s'en sortir.

Qui était Iron ?
Mon ange gardien. Mon amour. Iron, c'était mon chien, le cadeau de retour à la maison après cinq mois d'hôpital. Mes parents voulaient adoucir un peu l'effroi. Et Iron a tout entendu, tout encaissé. J'ai tué ma voix devant les humains,

mais lui, il savait. Il savait tout. Il a été là, sans jugement, et m'a protégée. Et il est parti l'année des dix ans de mon accident. Comme s'il avait accompli sa mission.

Vous avez dit que c'était un deuil aussi fort que celui d'un humain.
Oui. Et il faut pouvoir le dire. J'avais la chance d'avoir encore mes quatre grands-parents. Iron a été mon premier deuil. Une douleur pure, brutale. Il chantait avec moi quand je jouais du piano. Et aujourd'hui encore, il me manque quand je joue. Il me manque, mais je l'entends encore. Il a laissé un vide immense, mais aussi une force. Aujourd'hui, il y a Loki, le chien de ma mère. Et parfois, je crois qu'Iron est un peu en lui.

Il y a ce 11 février. Cette date a tout changé : vous aviez seize ans, vous étiez déguisée en mouton.
C'était le carnaval du lycée. Un costume qu'on avait fabriqué avec ma meilleure amie : du jean, du Scotch double face, des boules de coton. J'ai fumé une dernière cigarette. On pense que la braise est tombée sur mon déguisement : une étincelle puis un incendie, en quelques secondes. Je ne réalisais pas que je brûlais. C'est ma meilleure amie qui me l'a crié. Et là, j'ai couru. Mauvais réflexe : ça attise les flammes. Je me suis roulée au sol. Trop tard. J'ai senti monter en moi une seule phrase : *Reste en vie.* C'est tout ce que je me disais. *Reste. Tiens.*

Et vous avez tenu. Vous êtes plongée dans un coma artificiel pendant trois mois.
On plonge normalement les grands brûlés dans un coma de trois semaines, mais moi, ça a duré trois mois, à cause de l'infection et de la fièvre qui tapait les 42 °C. Le coma, c'est

d'abord pour épargner la douleur – parce qu'elle est telle que, de toute façon, le cœur pourrait s'arrêter : c'est insupportable et ingérable – et il y avait aussi des motifs pathologiques. J'étais dans une semi-conscience, entre deux mondes : pas tout à fait ici, mais pas ailleurs non plus. J'entendais les sas s'ouvrir, les pas de mes parents. Je savais quand ils entraient, et surtout... quand ils partaient. Et je me souviens d'avoir rêvé que j'avais un nouveau petit frère. Quand je me suis réveillée, j'ai demandé où il était : pour moi, il avait existé, il m'a presque manqué !

Vous dites que vous êtes restée pour eux ?
Oui. Dans le coma, j'ai eu cette sensation étrange que j'avais le choix : partir ou rester. Partir aurait été plus simple, ne pas affronter la douleur. Mais je suis restée pour mes parents et pour mes frères. Parce que je savais qu'ils souffraient et que je ne voulais pas les abandonner. Ils m'ont gardée en vie, et je leur dis merci.

Et pourtant la rééducation, c'est aussi une épreuve redoutable...
Le premier combat d'un grand brûlé c'est de survivre aux flammes. Mais le deuxième, c'est toute cette partie de rééducation et de reconstruction à l'hôpital : on ressent la chaleur partout sur son corps, les greffes cicatrisent, on a le corps entier qui nous démange, mais on est couverte de pansements. C'est inimaginable. C'est ma définition de l'enfer.

Vous étiez gymnaste. Est-ce le sport qui vous a sauvée ?
Oui, trois mois, c'est comme une minigestation, dans un univers clos. La gymnastique m'a sauvée : quand on fait de la gym, on apprend à tomber, mais surtout à remonter sur la poutre tout de suite, sinon, on n'y retourne jamais, c'est trop

dur. Alors j'ai gardé ça en moi : je suis tombée, très bas, mais je voulais me relever, retourner au lycée, retrouver mes amis, mon autonomie. Mon corps. Mon identité. J'étais déjà une amoureuse de la vie avant : je voulais retrouver la petite Julie, même si je savais qu'elle ne serait plus jamais la même. Le mental, aussi, a joué un rôle hyper important. J'ai un grand-père croate, une grand-mère espagnole. J'ai été élevée entre le sang chaud et le sang-froid, dans une famille aussi où on va toujours de l'avant. C'est ce que mes grands-parents m'ont inculqué. Et ils m'ont quasiment élevée pendant que mes parents travaillaient.

Vous parlez de « la petite Julie ». Vous vous êtes dissociée ?
Oui. C'est venu avec le temps. J'ai foncé pendant des années : le bac, les interviews, les abonnés, le compte Instagram, les couvertures. J'étais partout. J'avais dix-huit ans, je passais sur le plateau de Thierry Ardisson et Laurent Baffie faisait des vannes sur mon accident. J'ai encaissé. J'ai tout encaissé, jusqu'à cet été 2024. Mon corps a crié « stop ». Je vivais dans une carte postale : maison dans les Landes, chéri merveilleux, surf, famille, je suis devenue une femme, je me suis fiancée… et pourtant, tout s'est effondré en moi. Soudain, j'ai compris que je n'avais jamais vraiment traité ce qui s'était passé. J'en parlais, oui, mais je n'avais pas pleuré. « Une seule fois », dit ma mère. Et je ne m'en souviens même pas. J'ai porté le sourire, le mental fort, la Julie invincible. Mais mon corps, lui, n'en pouvait plus.

Alors, vous vous êtes autorisée à pleurer.
Oui. J'ai appelé mes parents, je leur ai dit : « J'ai besoin de vous. » Et j'ai pleuré dans les bras de ma mère pendant des heures sans comprendre pourquoi. C'était des années de

douleurs tues, de larmes retenues. Et là, je me suis autorisée à craquer. À être vulnérable. Et ça, c'était nouveau.

Aviez-vous subi le regard des autres ?
Le mien déjà ! La plus grande discrimination, c'était le fait de m'interdire de vivre pour ne pas choquer.

La Côte d'Azur, où vous avez grandi, c'est une mentalité particulière, on est en maillot…
Oui. C'est une région du paraître. J'y suis attachée, mais le regard est dur. Curieux parfois, mais souvent intrusif ou même dégoûté, quand on sort du cadre, on dérange. Je pense que, malheureusement, il va falloir que j'affronte ça toute ma vie. Mais ça fait aussi partie, je pense, de ma mission. C'est pour ça qu'aujourd'hui, j'ai à cœur de me dévoiler, de faire des publicités, des couvertures de magazines parce que je me dis que ça démocratise la différence. Et peut-être qu'un jour on ne dévisagera plus une jeune fille qui a eu un accident. Mais la vérité, c'est qu'aujourd'hui les grands brûlés se cachent, ne montrent pas leurs cicatrices par peur du regard des gens.

Vous estimez que le traumatisme ne rend pas plus fort.
Trauma, ça veut dire blessure. Un traumatisme laisse des séquelles. Point. On peut grandir malgré ça, on peut transmettre.

Vous avez confié : « Même si je pouvais les faire disparaître, je garderais mes cicatrices. »
Oui au départ, parce que je suis devenue celle que je suis grâce à cet accident. J'ai transmis, j'ai essayé de changer les regards. J'ai vu des marques commerciales me dire : « Tu représentes quelque chose qui n'existait pas. » Et peut-être qu'une

fille de seize ans aujourd'hui, brûlée, se sentira un peu moins seule, moins dévisagée, moins exclue. Enlever ces cicatrices, c'était m'arracher un bout de mon histoire. Mais un jour, mon sophrologue m'a dit : « Est-ce qu'une femme qui a eu un cancer doit rester chauve toute sa vie pour prouver qu'elle a été malade ? » Et là, j'ai compris : ce ne sont pas mes cicatrices qui disent qui je suis, c'est moi.

Vous craignez quelque chose ?
Oui, la vie. Ou plutôt ses aléas. J'aimerais pouvoir contrôler l'incontrôlable. Il faut que j'apprenne à vivre dans l'instant.

Vous avez coupé vos cheveux. Un symbole très fort.
Après l'accident, j'ai perdu mes cheveux. J'avais promis qu'ils repousseraient comme avant. Et c'est arrivé, alors je les ai gardés longtemps. Comme une armure, ils cachaient mes cicatrices. Et puis, pour les dix ans de l'accident, j'ai coupé. J'ai dit adieu à l'adolescente, à la petite Julie, à celle qui avait besoin de se cacher. J'ai donné mes cheveux pour faire des perruques. C'était un geste d'adieu et de passage.

Vous avez créé Douze Février, un personnage pour vous protéger.
Oui. Douze Février, c'était mon armure, c'était la femme invincible. Mais aujourd'hui, je n'ai plus besoin d'elle. Aujourd'hui, Julie revient.

Qu'avez-vous osé de plus fou ?
Ouvrir un compte Instagram, à une époque où les réseaux n'étaient rien. J'ai partagé mon histoire, mon corps, mes failles. Et tout a commencé là. C'était fou, mais c'était juste.

Votre bien le plus précieux ?
La vie. Quand on l'a presque perdue, on sait ce que ça vaut.

Quatre mots pour bien vivre sa vie ?
Reconnaissance. Entourage. Moments simples. Amour *ouf*.

Julie est très bien entourée, et je crois que moi aussi.

J'aime les hommes, j'ai beaucoup d'amis. Ils me sont familiers. Longtemps j'ai cru qu'il fallait onduler pour établir un contact. Onduler : arrondir, sourire, s'ajuster. Alors j'ondulais, mais à l'intérieur de mon château fort. On ne m'avait pas appris autre chose, et comme j'avais été confrontée au pire, avec les gars charmants, je ne comprenais pas comment ça marchait… pas de mode d'emploi. Roule, la vie comme elle va… Ce qui entraînait, disons, quelques malentendus. Le garçon pensait que je flirtais. Moi, que j'étais sincère et polie. Et au moment inévitable de la clarification, chacun tombait de sa chaise. Ça va mieux, merci.

J'aime aussi les femmes. J'aime mes amies. *Control freak*, joyeuses, éternellement coupables, très fortes et très fragiles.

Il y a celle qui reprend une phrase trois fois parce que, cette fois, elle a trouvé le mot juste.

Celle qui dit à son nourrisson qui ne veut pas dormir, à une heure du matin : « Fais pas ton bébé. »

Celle qui dit : « J'en peux plus », mais qui continue à courir (après quoi ?).

Celle qui dit : « Partons », celle qui dit : « J'arrive » (parfois c'est la même !).

Celles qui se taisent, quand elles ne vont pas bien, et qui l'avouent avec un : « Non, ça va. »

Je les aime quand elles me prêtent une tenue de mariage chic, une idée, une audace, un courage. Quand elles posent une main sur mon épaule sans rien dire ou quand elles proposent : « Tu veux que je vienne avec toi ? »

Et le regard : *Je sais exactement ce que tu ressens, et je suis là.*

Ce n'est pas spectaculaire, c'est un fil de soie qu'on ne voit pas à l'œil nu. Mais il tient.

Et moi, il me tient.

Angélique Cauchy

C'est l'histoire d'un petit chaperon rouge du XXIe siècle. Angélique Cauchy était une petite fille adorable, solaire et joyeuse. Son costume ? Une jupe de tennis. Sa mission ? Devenir championne. Sa forêt ? Le court. Mais Angélique n'est pas tombée sur un loup. Elle est tombée sur un monstre pervers et malade, qui l'a agressée et violée des mois durant. Elle est revenue de cet enfer, vivante et digne, et a décidé de tout raconter et de s'engager pour protéger les enfants après elle.

C'est quoi être une petite fille ?
C'est d'abord être une enfant. C'est être quelqu'un d'innocent qui apprend chaque jour, qui absorbe tout ce que le monde lui offre, tout en essayant de construire sa personnalité. Et c'est aussi quelqu'un qui ne sait pas encore entièrement penser par lui-même.

À douze ans, vous êtes tombée sous l'emprise de votre entraîneur de tennis ?
Je pensais qu'il était la personne la plus importante au monde, mon référent absolu. Je n'avais pas d'expérience psycho-affective et encore moins psychosexuelle. Pas du tout, même.

À douze ans, mon expérience, c'est d'avoir embrassé trois garçons sur la bouche à l'école primaire.

Comment vous êtes-vous retrouvée chez lui ?
À cet âge-là, je suis devenue la meilleure joueuse féminine du club de ma ville, tous âges confondus. Alors je joue avec des adultes, ce qui me fait déjà vivre dans un monde en décalage, avec des discussions qui ne sont parfois pas appropriées à mon âge. Et quand vient le moment de changer de club, j'hésite entre deux. Dans l'un, il y a mes deux « rivales », du moins c'est comme ça que les adultes les appelaient. Je ne voulais pas être avec elles, je voulais rester compétitive. Et puis, il y a un détail : deux mois plus tôt, dans ce club de Sarcelles, j'ai gagné un tournoi… et une PlayStation. À douze ans, gagner une PlayStation, c'est fou, alors je choisis ce club. Je rencontre alors cet entraîneur, qui prend une place très importante dans ma vie et dans celle de ma famille : il rend des services, m'entraîne gratuitement, se propose de me ramener de l'entraînement et de m'accompagner dans les tournois. Puis finalement, il décide de tout : qui je dois voir, ce que je dois manger, comment je dois m'habiller, des tournois où je dois me rendre – évidemment, ceux qui sont à côté de son domicile. Un jour il dit à mes parents que cela serait plus pratique pour lui que je reste dormir chez lui entre les matches, mes parents culpabilisent et lui font confiance, il est comme un membre de la famille : il reste déjeuner à la maison, il connaît tout de nos vies, il a un cadeau à Noël… et donc mes parents acceptent. Aujourd'hui je veux rappeler qu'un entraîneur n'est pas un taxi, un kiné ou un hôtelier : il ne faut *jamais* donner trop de pouvoir à quelqu'un. Les parents ne doivent pas déléguer aveuglément.

Donc vous restez dormir chez lui, mais il n'a qu'une chambre ?
Oui. Les premières nuits, il dort sur le canapé et moi dans son lit. Puis, il dit qu'il dort mal et me demande si ça me dérange qu'il dorme dans le lit. Je ne peux pas dire « non », parce qu'un enfant a du mal à dire « non » à une figure d'autorité. Et surtout, il me le répète sans cesse : il est comme mon second père, mon père adoptif. Il m'a tellement répété qu'il était mon référent que j'ai fini par me dire : « Si c'est comme mon père, ce n'est pas si grave. »

Vous gardez ça pour vous. Vous ne le dites pas à vos parents ?
Non, parce qu'il me demande de garder le secret. « Sinon, je ne pourrai plus t'entraîner. Les gens ne comprendraient pas. » Et au début, il ne se passe rien de répréhensible, même si c'est déjà totalement anormal de dormir chez son entraîneur. Mais une fois que j'ai accepté de me taire sur ça, le piège est refermé.

Un jour, il passe à l'action.
Oui. La première fois, c'est un baiser forcé. On n'a même pas de mot en français pour ça : le mot « embrasser de force » n'existe pas, alors qu'il n'y a pas de consentement. On dit « embrasser », mais ce n'était pas un bisou, c'était une agression. Et quand je lui dis : « Non », il me répond deux phrases qui m'anéantissent : « Tu n'as jamais embrassé un garçon ? » et « Tu sais, ça arrive souvent, les relations entraîneur-joueuse. » Il pose cette norme, une norme qui vient de lui, et je le crois. Il avait trente-trois ans.
Très vite, ce sont les attouchements, les viols. Je suis sous emprise totale. C'est systématique : chez lui, dans sa voiture, dans un vestiaire, derrière une bâche de tennis. Je ne suis plus une joueuse de tennis, je deviens son esclave sexuelle.

Vous êtes seule dans cet enfer. Êtes-vous restée silencieuse?
Oui. Parce qu'il me disait de ne surtout pas parler, que c'était «notre secret». Comme c'est très souvent le cas dans ces situations. Les mécanismes de l'emprise et les stratégies de l'agresseur sont toujours les mêmes : il répétait qu'il ne fallait pas que j'en parle, sinon il ne pourrait plus m'entraîner, sinon «ils» ne le laisseraient plus faire. Et surtout, que c'était parce que les gens «ne comprendraient pas». Et c'est là le piège. Parce que la première fois que je garde le silence sur ça, je suis déjà enfermée dans la toile qu'il a tissée. Je garde le silence pour le protéger, puis parce que je culpabilise : je me dis que c'est ma faute, que c'est moi qui provoque ça chez lui. C'est ce qu'il me dit, en tout cas. C'est le mécanisme d'inversement de la culpabilité. Je reste silencieuse aussi parce que je veux protéger ma famille…

C'est-à-dire?
Ce silence, il est en grande partie dû à une phrase. Une phrase que mon père répétait souvent, pensant me protéger, pensant me montrer son amour. Une phrase que beaucoup de parents disent sans mesurer ses conséquences : «Si un jour quelqu'un te fait du mal, je n'attendrai pas que la justice soit faite. Je lui mettrai une balle entre les deux yeux, quitte à prendre vingt ans de taule.» C'est cette phrase qui est devenue le titre de mon livre parce qu'elle a scellé mon silence. Parce qu'elle m'a fait peur, je ne pouvais pas parler. Si je le faisais, mon père passerait à l'acte et il irait en prison. Ma mère, déjà fragile, sombrerait pour de bon. Ma petite sœur serait placée en foyer. Alors j'ai fait ce que font tant d'enfants : je me suis tue pour protéger ma famille, quitte à me sacrifier moi-même.
Aujourd'hui, je sais que c'était un mauvais choix. Mais comment en vouloir à la petite fille que j'étais? Si un jour un enfant se confie à vous, ne répondez pas par la violence. Ne

promettez pas vengeance. Dites-lui simplement : « Si un jour quelqu'un te fait du mal, je t'écouterai, je te croirai et je te protégerai. » C'est tout ce qu'un enfant attend. C'est tout ce qu'une victime espère de la société.

À treize ans, vous avez pensé au suicide ?
L'été à La Baule, quinze jours d'enfer. Quinze jours où il a tout pouvoir sur moi. Quinze jours où il me traite comme une esclave, sans échappatoire, sans répit. Je fais autant de fellations que de coups droits. C'est terrible, mais c'est la fréquence qui fait que ça devient une banalité… on s'habitue à tout, même aux pires horreurs. Le temps de l'attente était pire pour moi que le moment où ça se produisait, je souffrais plus en étant cette bête traquée qu'en étant cette bête attrapée. Cet été-là, cela fait déjà plus d'un an que je vis sous son emprise. Au début, à douze ans et demi, je ne suis qu'une marionnette. Je ne pense pas, je ne décide pas, je n'ai pas de libre arbitre. Il m'a dépossédée de tout, même de moi-même. Mais peu à peu, une prise de conscience s'impose à moi : ce n'est pas de l'affection ou de l'amour, c'est de la haine, de la destruction. Il ne veut pas seulement me posséder, il veut m'anéantir. Et moi, je ne vois qu'une seule issue pour que cela cesse : le tuer ou me tuer. Et je préfère disparaître moi-même, parce que je ne veux pas devenir quelqu'un de mauvais. Après cet enfer vécu à La Baule, je sais qu'il faut qu'il disparaisse de ma vie.

Et donc vous parvenez à le mettre loin de vous, grâce… à un téléphone ?
Mes parents m'offrent un nouveau Nokia 3310, bleu ciel. Et je me suis juré de ne jamais répondre à son numéro. Cet objet symbolisait l'emprise et le harcèlement dont j'avais été victime. Je ne le fais certainement pas consciemment à ce moment-là mais je sais que c'est la dernière chose qui me raccroche à lui.

Il a appelé des centaines de fois et je n'ai jamais décroché. Il a fini par arrêter. J'ai demandé à changer d'entraîneur. Personne n'a posé de question. C'était ma première victoire. J'ai enfin commencé à avoir une vie normale d'adolescente. Enfin du mieux que j'ai pu…

Est-ce possible d'oublier ?
Je n'oublierai jamais. Comment le pourrais-je ? Chaque objet du quotidien me ramène à lui. Un simple gobelet posé sur une table et je revois son café. Un téléphone et c'est son BlackBerry qui surgit dans ma mémoire. Tout est là, gravé, imprimé, impossible à effacer. Longtemps, ces souvenirs m'ont enfermée : je ne vivais pas, je survivais. Prisonnière d'un passé qui m'empêchait d'être dans le présent et incapable d'imaginer l'avenir. Mais aujourd'hui, j'ai appris à mettre de la distance. À séparer les faits des émotions, à regarder mon passé sans qu'il me détruise. Alors, plutôt que de le laisser m'engloutir, j'en fais quelque chose d'utile. Quelque chose de beau, parce que tout cela ne doit pas servir à rien. Parce que si mon histoire peut sauver ne serait-ce qu'une seule autre vie, alors je lui aurai arraché une victoire.

Vous avez fini par vaincre le silence, et vous avez porté plainte.
Je savais qu'il y avait d'autres victimes, après moi. Chaque jour de silence ajoutait à ma culpabilité. Puis j'ai eu vingt-sept ans, je suis devenue professeure d'EPS, face à des enfants de douze ans, j'ai compris : si je ne parle pas, qui les protégera ? Et une covictime m'a contactée : les faits dont elle l'accusait, elle, allaient être prescrits. Moi, j'avais encore du temps. Alors j'ai parlé. J'avais reçu son appel en décembre, j'ai déposé plainte en mars. Trois mois à peser l'impact de cette histoire sur ma famille et moi : du jour au lendemain, je n'allais plus être l'ancienne joueuse de tennis, celle qui entraîne encore. J'allais

devenir « la petite fille violée » aux yeux de tous. Mes parents allaient voir qu'ils n'avaient pas su me protéger.

La procédure est-elle très longue ?
Très… Elle a duré neuf ans. Et puis, dix jours d'audience d'une violence inouïe. J'apprends tout : sur lui, sur moi, sur mes covictimes. Astrid. Mathilde. Margaux. Margaux, surtout. Elle avait dix-sept ans. Si j'avais parlé plus tôt, elle n'aurait peut-être pas été agressée. Et quand elle témoigne, c'est une litanie insoutenable d'horreurs, pire encore que ce que j'ai subi. Je comprends que, pendant vingt ans, il a violé en toute impunité. Alors je n'entends plus rien, je tombe, on me transporte hors de la salle et mon corps lâche, je pousse un cri. Celui de la petite fille de douze ans qui n'a jamais bougé. Un hurlement primal, peut-être celui d'une femme quand elle apprend la mort de son enfant. L'audience est suspendue.

Une épreuve insoutenable… Croyez-vous que ce qu'il vous a fait a influencé votre orientation sexuelle ?
Je pense… que j'aurais pu être avec un homme ou une femme, parce que je tombe amoureuse d'une personne. Mais pendant très longtemps, je n'ai pas pu me projeter avec un homme. Pour moi, être avec un homme, c'était forcément être dominée et être violentée. Alors oui, ça a eu des répercussions. Et puis, il y a eu cette phrase, ce venin qu'il a laissé en moi : « Tu ne peux pas savoir comme ça me fait plaisir d'être le premier, mais de savoir que je serai le seul. » Elle m'a hantée. Chaque fois que j'aimais une femme, je me demandais : *Est-ce que c'est à cause de lui ?* J'ai fini par ne plus vouloir y penser : il ne décidera pas pour moi.

Vous ne voulez pas porter d'enfants ?
Non. Je ne m'en suis jamais sentie capable. Mon corps me semble trop brisé pour ça. Une de mes covictimes a dit un jour : « Je n'aurais jamais cru que la vie puisse prendre place dans mon ventre, tant il était imbibé par la mort. » C'est une phrase qui m'a marquée. Mais je suis la maman d'un merveilleux petit garçon, grâce à ma compagne, Perrine.

Peut-on encore accorder sa confiance après une telle trahison ?
On doit, sinon on n'est jamais vraiment libre. J'ai longtemps voulu tout contrôler, jusqu'à compter les grammes de pâtes dans mon assiette. Mais la vie, c'est aussi accepter de lâcher prise. Et il a fallu aussi que j'apprenne ce qu'était une relation équilibrée, consentie, sans domination. J'avais construit mon échelle de valeur à partir de lui donc, dans mes relations suivantes, j'ai accepté la soumission, des violences parce que je me disais toujours : « Elle est moins pire que lui. » J'ai appris à vivre une relation saine, respectueuse, avec ma femme.

Et le pardon ?
Je ne lui en veux plus. Pendant longtemps, oui, mais j'ai compris que la haine me détruisait, pas lui. Alors non, je ne pardonne pas, mais je l'ignore.

Vous portez encore une culpabilité immense ?
Oui, celle de ne pas avoir parlé plus tôt. J'espère que le bien que j'ai fait compensera le fait que je n'ai pas sauvé mes covictimes. J'espère que le bien l'emportera sur le mal et qu'au moment de mourir, je verrai le visage de mon fils et pas le visage de mon agresseur. J'ai cofondé Rebond, une association qui fait de la prévention des violences sur mineurs dans le sport et de l'aide aux victimes. Et puis, fin 2023, j'ai rencontré une femme rare et résolue : Élisabeth Richard, qui est directrice des relations

avec la société civile chez Engie. Elle a tout de suite compris le rôle et l'impact que pouvaient avoir les entreprises. Grâce au programme Impact Together chez Engie, nous avons pu faire ce que personne n'avait encore osé : porter la prévention contre les violences sur les mineurs sur tous les contrats de sponsoring sportif. Avant cela, il n'y en avait pas sur les terrains, quels qu'ils soient, juste du silence. Désormais, dans chaque tournoi Open Engie, il y a une sensibilisation pour apprendre aux différents publics à repérer, à signaler les violences et à protéger l'enfance dans le sport, en mettant en place un cadre sain pour un sport éthique. Je suis fière de ce que nous accomplissons chaque jour. Pour les enfants que nous étions hier, mais surtout pour tous ceux d'aujourd'hui.

On arrive à la fin de l'entretien, pouvez-vous me donner quatre mots qui permettent de bien vivre sa vie ?
Je dirais : espoir, futur, passion et engagement.

L'enfer d'une enfance violée. Un choc. Angélique s'était murée dans le silence jusqu'à son cri primal en cours d'assises... des années avant de pouvoir se libérer de ce poids.

Qu'en est-il de toutes nos justifications… ? Jusqu'alors, chacune avait essayé, tant bien que mal, de vivre avec son désastre. Et il fallait s'en conter des fables, pour pouvoir continuer à tracer.

Je me rappelle la solitude immense, l'incompréhension folle devant ce qui m'est arrivé (rien de plus que toutes les autres). Je me souviens de l'assemblage tenon et mortaise, responsabilité et culpabilité : un système imparable qui mène droit au silence. Pendant des années. J'aurais pu parler à mes parents, qui étaient des gens intelligents, ouverts et gentils. Mais je ne l'ai pas fait. Cela dit, quand je l'ai fait, presque trente ans plus tard, mon père ne m'a pas crue ou n'a pas voulu me croire. Trop violent pour lui, sans doute.

Pour essayer de trouver du sens à tout ça, moi, au départ, je m'étais raconté que j'étais irrésistible. J'avais vécu des agressions, des violences, c'était normal, parce que j'étais belle, intelligente et drôle, et qu'il fallait les comprendre les hommes, aussi : c'est compliqué de s'empêcher.

Je n'oublierai jamais le choc du #MeToo : si j'étais irrésistible, alors nous l'étions toutes, ou bien je ne l'étais pas tant que ça… J'avais trouvé ce biais imparable pour tenter de m'expliquer les situations dégueulasses dans lesquelles j'avais pu me trouver. Mais paf! novembre 2017 et mon ingénieux système s'écroule : je n'étais ni mieux ni moins bien. J'étais une femme et c'était tout.

#Metoo a envoyé mon ego aux urgences, où il a attendu un lit, et, dans le couloir, il y avait une file infinie…

D'autres raisonnements qui me semblaient solides tournaient au fond de mon crâne, mais étaient beaucoup moins scintillants : j'étais destinée à la violence comme d'autres ne le sont pas. Je pensais à mes sœurs ou à certaines de mes amies à qui il n'était jamais rien arrivé. Étaient-elles plus fortes que moi ? Rien que l'idée me rendait folle, j'y reviendrai. Peut-être n'avaient-elles simplement jamais envisagé d'être une proie ? Et ça, ça changeait tout : si on n'ouvre pas le canal d'une possibilité, la vie passe son chemin. C'est ce que je me disais. Petite fille, j'étais angoissée et il me semblait que j'avais donc moi-même créé la condition de mon enfer.

Parallèlement, il y avait celles qui disaient : « Moi je suis forte, j'ai du caractère, je ne me suis pas laissé faire », et ça me rendait dingo. C'était aussi con que de s'imaginer irrésistible. Et quel mépris, quel jugement pour celles qui n'avaient pas réussi à se sortir de la violence sans y laisser une part d'elles-mêmes ! On faisait juste comme on pouvait. Et il y avait du courage partout : chez celles qui avaient su dire « non » et chez celles qui n'avaient pas su ou pas pu, condamnées à vivre courageusement, donc, la suite de leur existence.

Nathanya Sion

Quand on m'a proposé un entretien avec Nathanya Sion, j'avoue que je me suis demandé quel était le rapport entre la télé-réalité, les réseaux sociaux et la ténacité. Et puis j'ai lu son livre : l'enfance fracassée, la maltraitance, les viols, l'adolescence sous l'emprise d'un monstre, le placement à l'ASE. Et surtout cette rage de vivre... Elle est arrivée en studio avec un garçon qui avait l'allure d'un nounours, tout en attention et en pudeur. Et elle, si lumineuse, vive et drôle. Une survivante qui a décidé de reprendre le pouvoir. Décidément, il ne faut jamais se fier aux apparences.

C'est quoi, pour vous, être tenace ?
C'est ne rien lâcher. C'est affirmer que la vie mérite d'être vécue, même après l'horreur. C'est se lever encore et encore quand tout semble vous écraser. Être tenace, c'est choisir de rester debout, même seule.

Vous avez tout vécu. Et vous êtes encore là. Il y a cette scène incroyable dans votre livre : enfermée depuis neuf jours, tabassée, violée par votre «petit ami», vous tentez un SOS par la fenêtre. Racontez-moi.
J'avais quinze ans. J'étais séquestrée, enfermée dans une chambre, il gardait la clé sur lui. Je dis «lui» mais je devrais dire «le monstre». J'ai d'abord essayé de m'enfuir par la force, puis j'ai compris qu'il fallait être docile. J'ai tenté un SOS à la fenêtre, en voyant les voisins, mais il l'a su et il est devenu encore plus violent. À partir de là, j'ai cessé de croire qu'on pouvait m'aider.

Et pourtant, vous vous êtes échappée. Comment?
En jouant le jeu. Je lui ai dit ce qu'il voulait entendre : que j'étais sienne pour l'éternité. Alors il m'a laissée sortir une heure, dans un périmètre contrôlé. J'ai couru vers les amis avec qui je traînais avant. Je leur ai dit qu'il avait mes papiers, que j'étais mineure, que j'avais peur qu'il m'emmène dans un autre pays. Ils ont compris, appelé la police. Le lendemain, les agents ont défoncé la porte. J'étais couverte d'hématomes. Et un policier, je l'ai surnommé Monsieur Clé, m'a montré la clé qu'il avait retrouvée… dans le caleçon de mon bourreau. J'ai pleuré. Tout est sorti. C'était la première fois.

Votre histoire est une succession d'abandons, de violences, de douleurs qu'on croirait insurmontables. Comment vous en êtes-vous sortie, vous, la petite fille?
Grâce à ma mère. Elle s'appelait Sonia, elle s'est suicidée. Mais elle avait, elle aussi, vécu dans un enfer et je me suis dit que je ne pouvais pas reproduire ça. J'ai toujours eu en moi la rage de vivre. Je voulais montrer que je ne serais jamais définie par ce que j'ai subi.

Vous écrivez cette phrase : « Je ne suis pas coupable de ce que j'ai subi, mais je suis responsable de ce que j'en fais. »
Oui. Trop de gens se servent de leurs blessures comme excuses pour devenir durs, méchants, injustes. Je ne veux pas être comme ça. Ce que j'ai vécu est horrible, mais je suis responsable de ce que j'en fais. J'ai décidé de transformer ma souffrance en force, pour aider ceux qui pensent être seuls. Mon histoire peut servir, c'est tout ce que j'espère.

À quatorze ans, vous êtes donc tombée sous cette emprise. Ce garçon vous viole, vous enferme, vous détruit. Comment alerter les jeunes filles sur ce danger invisible ?
Il faut écouter son corps. Moi, la première fois que je l'ai vu, j'ai eu mal au ventre. On dit que ce sont des papillons. Non, c'était de l'angoisse. L'amour, ce n'est pas du contrôle, il ne doit pas faire peur. Si tu te sens obligée de tout justifier, si tu vis dans la crainte, ce n'est pas de l'amour, c'est une prison. Et dans ce piège, on peut rester longtemps. J'ai cru pouvoir le sauver. Il ne voulait pas être sauvé, on ne change pas un bourreau.

Et pourtant, la justice ne vous a pas vraiment protégée...
Non. J'ai déposé huit ou neuf plaintes. J'étais seule, mineure, en foyer. Et on m'a parlé de « devoir conjugal »... J'avais quinze ans et lui vingt-deux ! J'ai dû me justifier, me défendre, alors que j'étais déjà brisée. Il a pris huit mois. Huit mois pour m'avoir enfermée, frappée, violée. Huit mois pour avoir volé des années de ma vie.

Vous avez grandi dans une famille complètement dysfonctionnelle. Votre sœur, vos frères, personne ne vous a protégée ?
Personne. Ma sœur, qui était ma tutrice, s'est même alliée avec lui. Et quand je l'ai confrontée des années plus tard,

elle m'a dit : « Je me suis infiltrée, comme la police », jusque dans son lit ! Ce n'était pas une infiltration, c'était une trahison. Elle a vingt-deux ans de plus que moi. Mon frère, lui, a été condamné pour des faits terribles. J'ai grandi dans cet écosystème malade et le plus dur, c'est que longtemps, je me suis dit : « Si tous les autres sont comme ça, peut-être que c'est moi le problème. » Il m'a fallu des années de thérapie pour comprendre que j'avais le droit de couper les ponts, de m'éloigner pour survivre.

Comment devient-on la prisonnière d'un bourreau ?
Parce qu'on est seule et qu'on ne sait pas ce qu'est l'amour. Parce qu'on a grandi dans la violence et qu'on la confond avec la normalité. Lui, il m'a repérée dans un moment de grande vulnérabilité : j'étais à l'hôpital, seule, malade. Il m'a contactée sur les réseaux, il m'a parlé, écoutée, consolée. C'est comme ça que ça commence. On ne tombe pas amoureuse d'un monstre. On tombe amoureuse d'un homme… qui devient un monstre.

Vous avez vécu dans des foyers. Des lieux censés protéger, mais parfois si violents eux aussi ?
Le premier, à Cergy, était dur, mais j'y avais trouvé des repères : des copines, un éducateur formidable, Karim, que j'ai revu depuis. Quand on m'a transférée à Paris, tout a disparu et des années plus tard, en demandant mon dossier, j'ai découvert qu'il n'y avait… aucune trace de mon passage à Cergy. Comme si je n'avais jamais existé. Disparaître administrativement, c'est aussi une forme de violence.

Le jour de vos dix-huit ans, l'aide sociale à l'enfance vous jette dehors...
Oui. Joyeux anniversaire ! On vous remet une valise et vous êtes à la rue. J'avais économisé un peu et, grâce à un avocat, j'ai récupéré l'argent qu'on me devait : 50 euros par mois de vêture que je n'avais jamais utilisés, mieux que rien, n'est-ce pas ? En feuilletant mon dossier, par ailleurs, je suis tombée sur une ligne : 4 000 euros + 1 000 euros de dommages et intérêts. Personne ne m'en avait jamais parlé et cet argent m'aurait été d'une grande aide ce jour-là ! Mais non... même ça, on me l'a volé. Il fallait que je quitte Paris pour ne pas sombrer, je voulais trouver un endroit où je serais en sécurité, loin de tout ce qui m'avait fait du mal. Alors, je suis partie à Sanary : un village tranquille mais une chambre infestée de rats. Ça a été mon refuge. J'avais besoin de calme, d'oubli.

Vous auriez pu sombrer. La drogue, la prostitution, comme d'autres filles de foyer. Mais non.
Je n'ai touché à rien. Juste j'ai fumé un joint, une fois et ça m'a vaccinée ! Je voyais trop de copines revenir tabassées. J'ai découvert qu'elles se prostituaient. Moi, j'étais incapable de supporter un contact, mon corps était un territoire blessé. Je me suis enfermée.

Et vous avez commencé à poster : un blog puis les réseaux sociaux ?
Oui. C'est comme ça que je me suis reconstruite : en me regardant différemment. Et un jour, une femme incroyable m'a repérée et m'a offert mon premier contrat. 5 000 euros. C'était fou. Je n'avais jamais vu autant d'argent. Et je me suis dit : « Peut-être que la roue tourne. »

Puis la télé-réalité. Vous en avez fait quatre. Qu'en gardez-vous ?
Un goût amer. J'étais mineure, encore en foyer. Et le premier casting... je n'ai pas de mots. Deux hommes : ils m'ont fait mettre en maillot, je leur ai raconté ma vie, c'était dur... Mais eux, ils se marraient et m'ont demandé si je « m'enfonçais des trucs ». J'ai réagi violemment, bien sûr, et j'ai refusé leur proposition cette fois-là, mais c'est fou que ce soit possible ! La télé-réalité, c'est un piège : on vous donne de la lumière, mais c'est un leurre. Puis, quand vous tombez dans le panneau, finalement, on vous colle une étiquette, vous êtes cataloguée à vie. Quand je suis sortie des Anges, j'ai fait un choix : soit je rentrais dans le système, je disais que tout était génial, et je continuais ; soit je disais la vérité. J'ai perdu des contrats, des amis, des followers. Mais je savais que j'étais alignée avec moi-même. Et ça, ça vaut tout l'or du monde.
Les réseaux sociaux, ça peut être un enfer. Je me suis fait démolir, j'ai beaucoup pleuré, j'étais persuadée que j'étais horrible : trop maigre, pas assez ça, trop ça. Personne n'est fait pour encaisser autant de méchancetés. Alors oui, je vis de ça. Mais à quel prix ? Aujourd'hui, quand je poste, je me prépare, je me blinde. Ce n'est pas normal.

Vous dites que votre tatouage préféré, c'est « âme pure ». Pourquoi ?
Parce que c'est ce que je veux être. Je veux rester droite, alignée et cohérente, même après tout ce que j'ai vécu. C'est dur mais c'est ma ligne de conduite.

Vous avez retrouvé votre père. Un miracle.
Oui. J'ai payé un test ADN avec mes premières économies. Et un jour, des années plus tard, je me reconnecte. Je tombe sur une correspondance : cousin germain. Je le contacte et on discute. Il me parle d'un oncle dont il m'envoie une photo. Je manque de m'évanouir. On a fait un test, cet homme est mon

père. Il ne se souvient pas de ma mère, mais j'ai une sœur. Une nouvelle famille. Et c'est… apaisant.

Et aujourd'hui, vous avez un amour. Un vrai.
Oui. Il m'a redonné foi en l'humain. Ses parents sont mes parents. Grâce à eux, j'ai une famille. Et un jour, j'aimerais créer une association : Les Enfants oubliés. Un orphelinat, peut-être en Thaïlande, pour aider, pour transmettre. Pour que d'autres petites filles ne soient pas aussi seules que je l'ai été.

Quatre mots pour bien vivre sa vie ?
Persévérance. Intuition. Résilience. Amour. Parce que oui, l'amour existe. Et il ne faut jamais y renoncer.

En entendant Nathanya, belle, jeune, éprouvée, redoutablement intelligente, percutante et très claire, il est évident que certaines n'ont qu'à bien se tenir.

Il y a des attitudes ou des prises de position étranges et décevantes : celles qui signent, par exemple, des tribunes ambiguës, défendent des hommes indéfendables. Au nom de la nuance, ou du droit, ou de l'amitié, ou de cette vieille mythologie française qui confond liberté et impunité.

Parfois, on se demande s'il n'y a pas aussi un réflexe de caste, un mépris social si ancré qu'on ne le voit plus : les femmes agressées sont souvent précaires, elles n'ont pas de noms, de relais, de pouvoir. En face, les reconnues et les bien-nées, celles qui n'ont pas vu venir le nouveau monde – c'est vrai que c'est brutal –, celles pour qui la violence est ailleurs. Elles ne disent pas « troussage de domestique » (l'expression employée par un grand journaliste français pour caractériser le viol de Nafissatou Diallo par DSK), mais elles le pensent tellement, au fond, ces stars qui parlent de nuance quand d'autres parlent de dignité.

L'autre jour encore, une de ces sirènes médiatiques – belle, brillante, de haute lignée – appelle une de mes amies. Elles devaient collaborer sur un projet associatif, en faveur des droits de l'enfant. Conversation fluide, accord enthousiaste… jusqu'à cette phrase : « Je veux bien t'aider. Mais arrête un peu avec Gérard, c'est un ami. » Stupéfaction de ma connaissance, silence glacé.

Certaines de ces femmes ont peut-être été blessées, humiliées. Elles ont bâti une forteresse avec les codes du monde ancien, elles s'y sont enfermées à double tour. Le moindre doute sur ce monde les ferait vaciller. Car remettre en cause les hommes qu'elles ont aimés, servis parfois, ce serait questionner leur propre histoire, leurs renoncements, leurs choix et leur passé.

Les féministes hardcore les vouent aux gémonies, ces femmes d'un autre temps. Les mots sont cruels (« kapos », « collabos »), mais ils disent la colère de celles qui n'ont jamais été protégées et voient dans ces postures un pacte avec le pouvoir. Pas de sororité entre celles qui couvrent, et celles qu'on fait taire : la loyauté n'est pas une vertu quand elle se met au service du silence et la liberté ne se mesure pas à l'amitié qu'on porte à des tocards.

On peut avoir été séduisante sans excuser l'abus, on peut aimer les hommes sans absoudre leur domination. Ce n'est pas une guerre des sexes. C'est une guerre des statuts, entre celles qui n'ont jamais eu le choix et celles qui ont cru qu'elles en avaient un.

Karine Dabadie

Karine Dabadie est médecin légiste. Mère de cinq enfants, elle a transformé les violences subies dans l'enfance en une vocation farouche. Aux Antilles, elle a conçu un protocole unique en France pour protéger les femmes victimes de violences, bien avant que la loi ne s'en empare. Rentrée en métropole, elle a été broyée par l'hôpital, trahie par l'institution, mais n'a jamais cessé de se battre. À la croisée de la science, de l'engagement et de l'intime, elle incarne une médecine de précision, d'écoute et de vérité. Une femme tenace, au cœur du réel.

Qui est Barbie Boucher?

Barbie Boucher, c'est un surnom que les enquêteurs m'ont donné sur les scènes de crime. Barbie, parce que je suis toujours arrivée en talons, apprêtée, blonde, les yeux bleus, ce qui dans leur esprit contrastait radicalement avec l'image qu'ils avaient d'un médecin légiste. Et Boucher, parce qu'après c'est moi qui autopsiais les corps. Ça aurait pu être péjoratif, mais non : c'était leur manière à eux de dire que j'étais capable d'enfiler mes gants, de manipuler la mort avec rigueur, précision et sans jamais cesser de chercher la vérité.

C'est cette quête de vérité qui vous a poussée vers la médecine légale ?
D'abord, j'ai voulu sauver des vies. Dix ans d'urgence, à courir, à intuber, à stabiliser. Et puis, au fil des interventions, j'ai croisé les médecins légistes. Eux arrivaient après nous et j'ai compris que leur mission était une forme de prolongement de la mienne. Là où nous, urgentistes, tentions de retenir la vie, eux redonnaient un sens à la mort. J'ai vu que sur des corps sans souffle, on pouvait encore interroger le réel, reconstituer ce qui s'était passé, détecter un coup de couteau, une tentative de défense, comprendre si quelqu'un avait eu le temps de souffrir. En fait, c'est un métier d'humanité, profondément. C'est parler à la place de ceux qui ne peuvent plus parler. C'est dire ce qu'ils ont vécu, avec exactitude, avec respect.

Et puis vous avez été nommée aux Antilles ?
On m'a appelée là-bas pour créer le service de médecine légale. Guadeloupe, Martinique, Saint-Martin. À Saint-Martin, il n'y avait rien. Une table inclinée au-dessus d'un bidet dans une chambre funéraire. Je suis arrivée avec mon propre matériel. Pas de scie électrique ? C'est un gendarme qui est allé dans un magasin pour en acheter une : j'ai scié un crâne pendant une heure trente et on a fait l'autopsie. On a toujours trouvé une solution : ce qui comptait, c'était de pouvoir prélever, documenter, établir. Même dans la chaleur étouffante, même avec des corps décomposés.

C'est aussi là que vous avez imaginé un programme de protection des femmes qui allait sauver des vies…
Oui, avec toute une équipe. En 2012, on a mis en place, avec le parquet de Pointe-à-Pitre, un protocole de signalement. À l'époque, ça n'existait pas. Dix critères : des questions simples, mais que personne ne posait : y a-t-il eu des rapports

forcés ? des menaces avec armes ? une tentative d'étranglement ou de séquestration ? L'auteur est-il alcoolique, drogué, jaloux pathologique ? Si trois de ces dix items étaient cochés, on faisait un signalement, même si la femme ne portait pas plainte et on ne la renvoyait pas chez elle. Jamais. On trouvait un hôtel, un lieu sûr. On partait tous ensemble du service, une fois qu'elle était logée. On a fait baisser les homicides conjugaux de 17 % à 0 entre 2012 et 2016. Et pourtant, ce système, personne ne voulait l'écouter en métropole à l'époque. Aujourd'hui, il inspire la loi.

Au retour, la métropole, justement, vous a réservé un autre accueil, plus cruel ?
Quand je suis revenue, j'ai pris la direction du service à Bordeaux. Je venais d'un collectif engagé, soudé, dévoué. Là, je me suis retrouvée seule face à un mur. Pas d'agression frontale, mais du harcèlement quotidien, des manœuvres insidieuses, des tentatives de discrédit. Et un jour, tout s'effondre : c'est la destitution brutale. Mon corps me lâche. Et ce jour-là, dans le choc, je me souviens : j'avais douze ans et j'ai été violée par un proche, pendant que je me baignais. Quand je suis revenue sur la plage, je me suis recroquevillée, et j'ai enfoui ce viol. Et tout est remonté, intact, des dizaines d'années après.

Ce souvenir, vous ne l'aviez jamais partagé ?
Jamais. Parce que je pensais que ce n'était pas grave, que je n'avais pas les mots et surtout, je savais que si je parlais, ça bouleverserait tout. Et puis, plus tard, j'ai fait de la boulimie puis de l'anorexie : 32 kilos pour 1 mètre 72. J'ai défié mon corps, j'ai voulu le punir. Je faisais du mannequinat pour payer mes études de médecine. Et j'étais sur les bus de Bordeaux, tout en travaillant de nuit aux urgences ! J'étais très maigre, et pourtant, c'est le mannequinat qui m'a sauvée parce qu'on m'a

dit : « Tu es belle, mais il faudrait reprendre un peu de poids. » Et ce regard-là, bienveillant, a été un tournant.

Et aujourd'hui, votre regard sur la parole des femmes ?
Je suis formelle : on ne les croit pas. Ou trop tard. On leur demande des preuves qu'on n'exige pas des hommes. On leur renvoie toujours le doute. Et quand elles osent parler, c'est un parcours du combattant. Même au tribunal, elles ne sont pas protégées. J'ai vu des femmes assises à deux mètres de leur agresseur. J'ai vécu cette violence moi-même. Le système judiciaire, dans son état actuel, ne protège pas les victimes : il minimise, il décourage, il expose. Et il oublie que chaque femme qui meurt sous les coups avait donné des signes. Ce n'est pas une fatalité, mais un échec collectif.

Et les enfants ?
C'est ce qui me bouleverse le plus. J'ai autopsié un petit garçon de trois ans, à Saint-Martin : dénutri, frappé, pendu par les lèvres. Je n'avais jamais vu ça. Et tous les signaux avaient été envoyés, mais on ne les a pas entendus. C'est insupportable. Tant qu'on ne changera pas de regard, qu'on maintiendra les liens avec des pères violents, qu'on considérera un droit de visite comme plus sacré que la sécurité d'un enfant… alors on continuera de les enterrer.

Est-ce que vous pensez pouvoir reprendre votre métier de médecin légiste ?
C'est mon vœu le plus cher. J'exerce aujourd'hui en expertise, j'aime ce que je fais. Mais l'autopsie me manque. Ce dialogue silencieux avec les morts, cette précision, cette responsabilité de parler à leur place. Il n'y a jamais eu un seul corps, même décomposé, même atrocement mutilé, devant lequel j'ai reculé. Parce que je sais que je leur dois la vérité.

Et vos cinq enfants ?
Ce sont mes plus grandes fiertés. Mes grossesses, les plus beaux moments de ma vie. Avec mon mari, on a toujours trouvé un équilibre. Deux de mes filles font médecine. Et ils savent tous à quel point je suis passionnée et ils savent que la justice et la vérité ne sont pas des abstractions, mais des combats très concrets. Et qu'on peut les mener, même seule, même cabossée.

Et s'il fallait garder quatre mots pour être bien dans sa vie ?
Bienveillance, parce que sans elle, on ne construit rien. Danse, parce que c'est ce qui m'a tenue droite quand tout s'effondrait, ce lien au corps, au mouvement, à la grâce. Équipe, parce qu'on ne fait rien de bon seul, et que chaque réussite a été collective. Et famille, enfin, parce que c'est mon socle, mon moteur, ma maison. Ces quatre mots-là, c'est ce qui me permet de continuer à croire qu'on peut encore améliorer le monde. Pas en théorie, en actes.

Karine Dabadie avait, avec son équipe, réussi un pari immense : celui de faire chuter drastiquement le nombre de féminicides aux Antilles. Elle était très engagée dans la lutte contre les violences intrafamiliales, avait mis au point un protocole unique. Le retour en métropole fut d'une brutalité rare : à Bordeaux, ces messieurs l'attendaient avec un lance-flamme. Elle avait monté des équipes soudées, travaillé en bonne intelligence avec les magistrats. Bref, fait mieux qu'eux, commis un outrage lèse-mâle.

Je me souvenais alors, dans un autre domaine, de Céline Lazorthes. Belle jeune femme, brillante, diplômée d'HEC. Pendant son master, elle prend en charge l'organisation du week-end d'intégration. Inscriptions, paiements, relances : elle gère tout. Jusqu'au jour où, pour éviter l'annulation, elle avance six cents euros de sa poche. À ce moment précis, une idée germe : *et si l'on créait une cagnotte en ligne ?* Simple, sécurisée, accessible. Une solution qui semble évidente… une fois qu'on y a pensé ! Leetchi est né. Succès fulgurant. Au moment de la deuxième levée de fonds, les choses se gâtent : la boîte explose, Céline est à la manœuvre. Mais autour de la table, les regards filent vers son associé. Les investisseurs et les banquiers d'affaires s'adressent à lui, comme s'ils reconnaissaient en lui l'un des leurs. Elle lâche alors : « Et moi, je vous fais un café ? » Le banquier la fusille du regard. Ce jour-là, elle comprend : le plafond de verre a une voix grave et une poignée de main ferme.

Précisons ici que seulement 2 % des levées de fonds sont alloués à des femmes.

Rachida Dati

Les soirs d'élection, quand le pays retient son souffle, une question fuse : « Elle parle chez qui, ce soir, Rachida Dati ? » On l'attend. Parce qu'avec elle, rien n'est tiède. Elle tranche, elle vit. Ce matin-là, elle arrive en doudoune sans manches, fine, concentrée, maire du VIIe arrondissement. Les mots sont vifs, les souvenirs précis. L'intensité est là, intacte.

Petite dernière d'une fratrie nombreuse, née dans une cité ouvrière, votre parcours fascine. Il commence dans un monde dur, mais vivant. Quel souvenir vous reste-t-il de cette enfance ?
Une famille modeste, un père ouvrier maçon, une mère au foyer – mais c'était bien plus que ça : une cheffe d'orchestre de onze enfants. Pas de machine à laver, pas de confort, mais une immense dignité. Très jeune, j'ai travaillé, d'abord dans la cité où je vendais du maquillage, puis à temps plein dès seize ans. Femme de ménage, aide-soignante, standardiste… Chaque emploi m'a forgée. J'écrivais à des personnalités que j'admirais et c'est Albin Chalandon qui m'a tendu la main. Grâce à lui, j'ai intégré une grande entreprise, gravi les échelons, jusqu'à devenir magistrate. Un métier que j'ai profondément aimé.

Comment avez-vous résisté à la pression de l'environnement, à la délinquance, aux déterminismes ?
Mes parents nous ont donné un cadre, dur parfois, mais clair. Mon père ne faisait pas de différence entre filles et garçons. L'école était son obsession. C'est ce qui m'a tenue droite. J'avais une impulsivité à canaliser. L'école a été mon exutoire, mon tremplin.

Vous parlez avec beaucoup de respect, de tendresse, de vos parents.
Ma mère était une femme incroyable, droite, drôle, forte. Elle chantait, dansait, transformait le quotidien. Mon père, plus rude, incarnait l'autorité. Mais il avait aussi une forme de lucidité. Il voulait que nous soyons armés pour la vie. Il a tenu à ce qu'on soit scolarisés chez les sœurs, dans une école catholique. C'était strict, mais formateur.

Vous avez toujours affirmé votre liberté, et pourtant, vous vous êtes pliée à un mariage auquel vous ne croyiez pas...
C'était une époque, un contexte. Je voulais préserver mes liens familiaux. J'ai choisi une épreuve temporaire pour ne pas tout perdre. J'ai mis trois ans à faire annuler ce mariage. Sans regret : je n'avais pas vraiment le choix.

Votre trajectoire est souvent décrite comme « balzacienne », à la Rastignac. Vous reconnaissez-vous dans ce portrait ?
C'est presque romantique à côté de ce que j'ai entendu... Certains pensaient que je ne pouvais pas en être arrivée là par le mérite. Les soupçons, les insinuations, la violence, ont été permanents, mais j'ai tenu. Parce que je savais pourquoi je me battais. J'ai rencontré des gens justes, comme Simone Veil, Jean-Luc Lagardère, qui m'ont respectée pour ce que je faisais.

Vous êtes devenue un symbole. Est-ce une responsabilité ?
Oui. Quand une jeune fille à Nice m'a dit : « Maintenant, je n'ai plus honte de m'appeler Rachida », j'ai compris. Ce que je représente dépasse ma personne. Mais je ne crois pas aux slogans du type « il suffit de vouloir ». Il faut de la rigueur, du travail, et surtout, ne jamais retirer l'échelle derrière soi.

On vous dit connectée au réel, proche des gens, et pourtant vous êtes maire du VIIe arrondissement, un quartier réputé très conservateur…
J'y suis comme un poisson dans l'eau ! J'ai été élue largement. Je dialogue avec tout le monde, je connais les gens, je suis présente. Je travaille au plus près des habitants. Et quand c'est bien fait, ça se voit.

Votre franc-parler dérange. Vous êtes restée droite dans des tempêtes. Vous avez aussi été très attaquée.
Le pouvoir n'immunise pas, au contraire : il attire les coups. J'ai vécu des choses très graves, subi des menaces, des intrusions. Ma fille aussi a été ciblée. Je me suis battue. Sans plainte, mais sans faiblesse. Je veux qu'elle soit fière de moi.

Et cette petite fille, Zora, qu'est-ce qu'elle a changé en vous ?
Elle est le miracle de ma vie. On m'avait dit que je ne pourrais pas avoir d'enfant et elle est arrivée. Elle ne m'a pas changée, mais elle a soulevé en moi des émotions, des douleurs, des forces insoupçonnées. Aujourd'hui, elle est mon centre de gravité.

Qu'est-ce qui pourrait vous arrêter ?
Rien. Tant que j'ai l'énergie et l'envie d'agir. Ce qui me fait peur, ce n'est pas la politique, c'est la maladie. La mort. Le reste, je le gère.

Vous avez dit un jour que votre brutalité était votre madeleine de Proust. Vous l'assumez ?
Elle fait partie de moi. J'ai essayé l'analyse, mais certaines choses sont trop lourdes. Alors je les laisse là où elles sont. Ce que je montre n'est qu'une partie de moi. Très peu de gens savent ce qui me touche vraiment.

Et s'il fallait garder quatre mots pour être bien dans sa vie ?
Aimer et être aimée par les siens. Ma famille, mes sœurs, ma fille. L'amour, pas forcément amoureux, mais celui qui apaise, qui ancre. Et puis la liberté : elle reste mon cap.

… Elle est repartie comme elle était venue, avec sa fidèle Emmanuelle. Le micro coupé, on a parlé encore des enfants, de la difficulté d'élever des filles et de les protéger.

En la regardant, gracieuse, volubile et drôle, je voyais cette énergie folle, cette volonté comme une lave en fusion qui arrache tout sur son passage. Quitter Châlon, tout quitter au fond, et bâtir sa légende.

Je ne sais pas si j'aurais eu le courage de marcher à rebours des miens, sans les juger. Je suis née du bon côté de la rive – c'est comme ça – et je suis fascinée par celles qui tracent leur chemin, en dépit des rites familiaux, des croyances, des injonctions et des affections. Ça a forcément un prix. Ça implique, peut-être, des compromis, des arrangements, de la rudesse. Ça me paraît aussi évident que normal.

Quand elle est partie, j'ai songé à ce que ça impliquait, dans la vie, d'être une femme. J'ai repensé à nos batailles…

Par exemple, cette phrase, prononcée par l'un de mes oncles ou par quelques amis chers, me rend dingue :

« Elle m'a fait un enfant dans le dos.

– Ah bon, tu n'étais pas là ?

– Quoi ?

– Quand tu as fait cet enfant, tu n'étais pas là ?

– Ben si mais…

– Donc elle ne t'a pas fait un enfant dans le dos, tu lui as fait un enfant dans le ventre. »

Quand on ne veut pas d'enfant, on prend en charge sa contraception.

Fallait qu'on assume la responsabilité de l'affaire, qu'on bouffe des tonnes de perturbateurs endocriniens, qui n'étaient pas sans risques. Et puis, fallait que ça marche. Et si ça n'avait pas marché, fallait faire ce qu'on nous disait.

Comme souvent, comme presque toujours : pile on avait perdu, face on ne gagnait pas.

Il faut reconnaître aux hommes un génie certain : celui d'avoir inventé la contraception… pour les femmes. Dès qu'il s'est agi de maîtriser la fertilité, ils ont convoqué toute la science, les hormones, les corps d'essai… féminins. Sans surprise, la solution fut simple : que les femmes prennent ça en main – et dans le foie, les ovaires, l'humeur et la libido. Efficacité redoutable : le problème était traité et la responsabilité transférée. L'équation est pourtant limpide : la femme n'est fertile que quelques jours par mois. L'homme, lui, est un distributeur automatique. Mais c'est elle qui doit s'organiser, planifier, endurer. L'architecture contraceptive fut pensée par ceux qu'elle arrangeait, un chef-d'œuvre d'organisation sexuellement genrée : la femme, bête de somme hormonale, l'homme, passager libre de tout bagage.

Toute ma vie, si je me souviens bien, j'ai entendu le murmure des femmes sur l'incroyable défi physique d'en être une : bien sûr les bouleversements hormonaux, qui sont une gageure majeure au début du voyage et à sa fin, et qu'aucun homme ne pourrait supporter sans se mettre au lit avec de la glace sur la tête. Il y a la maternité que personne ne t'explique réellement, sans quoi tu y réfléchirais peut-être à deux fois, me disait une amie qui devait s'asseoir sur une bouée après son accouchement. L'entièreté du corps est dévastée : « Tout ce qui peut fuir fuit », me précisait Olympe, adorable médecin à Paris. C'est fou comme ça sonne et c'est fou comme on se remet.

La médecine serait universelle ? Un médicament soigne un corps comme il en guérit un autre ? Mais ce corps, dans les faits, n'a longtemps eu qu'un seul sexe : masculin. La science a préféré faire l'impasse : trop de variables chez les femmes, trop d'hormones, trop de risques de grossesse, trop de complications. Mieux valait tester sur des hommes, même quand le traitement était destiné aux deux (sauf pour la contraception, comme vu plus haut).

Topo : pendant des décennies, les femmes ont été tenues à l'écart des essais cliniques. Invisibles dans les protocoles, marginales dans les statistiques. Et quand on les inclut enfin, c'est souvent trop tard ou mal. Les dosages ne sont pas ajustés, les métabolismes pas pris en compte. Ce qui traite un homme peut empoisonner une femme ; ce qui soulage un corps masculin peut faire exploser un cœur féminin.

La médecine est censée réparer. Elle a longtemps préféré simplifier. Et cette simplification a un coût : ce sont les femmes qui paient comme toujours, c'est leur tournée. Deux fois plus d'effets secondaires, des douleurs minimisées, des symptômes ignorés. Même la recherche sur les maladies cardio-vasculaires, pourtant première cause de mortalité chez les femmes, a longtemps été pensée... pour des hommes, et par eux.

Je songe enfin à toutes ces femmes que j'ai entendues parler de pension alimentaire... Celles que j'ai croisées ont très souvent renoncé : elles voulaient juste la paix. Alors elles travaillent comme des bêtes pour assurer l'avenir de leurs enfants.

Il y avait Sabine qui était femme de ménage dans un joli coin de France où j'allais passer l'été ; elle avait deux fils, lycéens, qui vivaient avec elle. Au bout de dix ans, après un marathon judiciaire inouï, elle avait fini par obtenir une pension alimentaire. Tout le monde avait levé son verre pour la féliciter, la vie allait enfin être plus facile. Je lui avais alors demandé à combien s'élevait cette allocation, elle m'avait regardée de ses grands yeux noisette et doux : « 200 euros par mois. » « Pour chacun ? » « Non, en tout. » 200 balles, pour deux grands garçons. Le loyer, les portables, les repas, les vêtements, l'eau et l'électricité, les vacances, le cinéma, les livres et les cahiers.

200 balles, à peine le prix d'une paire de baskets. Et de toute façon, le type finirait par se remettre en insolvabilité, par changer d'adresse, encore. Comme dit la chanson, on sait très bien comment on fait les bébés, nettement moins comment on fait les papas.

LES ENGAGÉES

Elles n'ont pas seulement pris la parole : elles l'ont tenue. Avec constance, avec courage, parfois avec colère, elles agissent. En silence ou dans le tumulte, dans les tribunaux, à l'hôpital, sur les réseaux, dans la rue, derrière une caméra ou une tribune, elles avancent, souvent à contre-courant, avec une boussole morale chevillée au corps.

Ghada Hatem soigne les femmes cabossées par la violence, dans sa Maison des femmes. Isabelle Rome a porté leur voix au cœur de l'institution judiciaire, avec rigueur, détermination et une vision claire de ce qu'il reste à conquérir. Isabelle Steyer les défend dans les prétoires ; à elle les violences, les non-dits, les silences complices. Véronique Béchu, elle, agit dans l'ombre numérique : elle lutte sans relâche contre la pédocriminalité en ligne, cette terreur muette qui prospère dans l'impunité. Dorothée Olliéric raconte le monde dans sa vérité nue, du front ukrainien aux douleurs des révolutions trahies, micro en main, regard franc. Caroline Vigneaux décortique les injustices à coups de rire, de textes, de fictions. Ex-avocate devenue humoriste, elle a choisi la scène pour réveiller les consciences. Camille Étienne, enfin, lutte avec des mots simples et brûlants, au nom d'un futur habitable.

Ces femmes ne se contentent pas de dénoncer. Elles construisent, elles défendent, elles affrontent. Leur engagement n'est pas un slogan : c'est une ligne de vie.

Ghada Hatem

Il y a des femmes qui aiment les femmes. Et parmi elles, la reine, celle qui les répare, celle qui les console, c'est Ghada Hatem. Ghada Hatem est gynécologue-obstétricienne, elle a inventé la Maison des femmes, ce havre où les vies fracassées viennent retrouver la paix, la dignité et l'énergie pour se remettre droites. *Ghada*, ça veut dire plein de choses en arabe, ça veut dire « belle », et c'est vrai qu'elle est belle comme Françoise Fabian. Et ça veut dire « oasis », comme cette Maison des femmes plantée au milieu de Saint-Denis et qui a essaimé un peu partout en France.

Ghada Hatem, c'est déjà un prénom. Vous êtes libanaise, chrétienne et vous vous appelez Ghada.

Il y a une tradition chez les chrétiens du Liban de donner des prénoms très européens : mon père s'appelle Georges, ma mère s'appelle Suzette, c'est très joli. Mais ils avaient une amie qui s'appelait Ghada et ils ont eu envie de m'appeler comme elle. Ils avaient quand même une petite réticence en se demandant comment leurs amis français allaient prononcer ça !

Vous avez grandi au Liban. Avant-guerre, c'était ce qu'on appelait la « Suisse du Moyen-Orient »... Était-ce vraiment un pays où il faisait bon vivre et où les trois communautés vivaient ensemble ?

Alors ça, c'est l'image d'Épinal, qui n'est pas entièrement fausse. Mais dans ces trois communautés, il y avait quand même une communauté de dominants : les maronites ont été les présidents de la République du Liban, ils le sont encore. Les autres religions se répartissent le pouvoir en dessous. C'est ce qui gangrène le pays : à partir du moment où la religion intervient dans le choix des leaders, le vers est dans le fruit. On avait des banques solides à l'époque. C'était ce pays où l'on pouvait aller skier le matin, nager l'après-midi. Quand on voit ce que c'est devenu, on pleure... Parce qu'au-delà de ces clivages politiques, les gens entre eux s'entendaient bien : moi j'étais au lycée français, j'avais des copines musulmanes, juives, chiites. Les Libanais sont extraordinaires : ils sont d'un optimisme à toute épreuve et donc ils passent leur temps à rebâtir.

Au Liban, la montagne occupe une place essentielle dans l'identité du pays. Presque tous les Libanais ont des origines montagnardes, leur famille vient d'un village niché quelque part. Ma famille, elle, vient d'un petit village de montagne maronite, un lieu préservé aux toits de tuiles rouges. C'est là que Lamartine a vécu et c'est une grande fierté locale. Là-bas, tout le monde vous parle de Lamartine, de son passage, de son héritage. Il fait partie de l'histoire du village, comme s'il était un habitant de plus.

Qu'est-ce que c'était d'être une petite fille, là-bas au Liban ?

Mon père était très fantasque et complètement lunatique : il avait des théories très personnelles, et puis il était capable de croiser un réverbère et de lui dire « pardon madame » ! Il était dans ses pensées, c'était un matheux. Ce qui était formidable, c'est qu'il n'avait pas d'a priori, pas d'idées préconçues sur l'éducation. Il n'était pas tombé dans ce piège, dans lequel tombent beaucoup d'Orientaux, de discrimination entre sa fille et ses fils : qui a le droit de faire quoi, quel destin pour qui ? Il était complètement au-dessus de tout ça, ce qui m'a donné une très grande liberté, puisque je n'avais pas d'interdit. Ma mère, c'était le contraire… J'avais trois frères. Et clairement, pour ma mère, ce n'était pas pareil : eux avaient le droit de faire tout un tas de trucs que moi je n'avais pas le droit de faire. On ne leur demandait pas de repasser, de mettre la table… Alors moi, comme Gisèle Halimi, je me révoltais, je disais : « Moi aussi, je ne veux faire que ce que j'ai envie de faire. » Je voulais absolument étudier. Je voulais absolument m'épanouir dans un métier.

Vous vouliez déjà être médecin ?
Toute petite, non : j'étais comme toutes les gamines, je voulais être institutrice. Médecin, c'est venu pendant la guerre, l'idée d'un métier qui a du sens. Ce que la guerre vous donne, c'est la notion du temps, de l'irrémédiable, de l'imprévisible : tout peut arriver n'importe quand à n'importe qui. J'aurais aussi pu être professeure : j'avais aussi une passion atomique pour la lecture. Je lisais n'importe où, n'importe quand. La nuit, au lit, avec une lampe de poche.

Parlez-moi du figuier de votre grand-mère.
Je passais tous mes étés avec elle, enfant, dans un ravissant village, au milieu des cerisiers. Et ma grand-mère, même très âgée, grimpait sur une petite échelle tous les matins, cueillait un grand panier de figues et on partageait ça. C'était notre petit péché secret. Et du coup, l'odeur de la figue est pour moi une odeur unique. Je la reconnais n'importe où dans un jardin.

Pendant la guerre, à un moment donné, il a fallu quitter Beyrouth, ça devenait extrêmement dangereux. On est allés passer l'hiver dans cette maison qui était mal chauffée, glaciale ; j'allais à l'école avec les gamins du village en marchant une heure dans la neige. À dix-huit ans, je suis arrivée à Paris pour faire mes études.
À l'époque, l'admission dans les universités fonctionnait un peu comme Parcoursup aujourd'hui, mais de manière beaucoup plus souple. Ce qui compliquait tout pour moi, c'est que je m'inscrivais depuis l'étranger. Internet n'existait même pas dans nos esprits, et la poste libanaise ne fonctionnait pas. Pour envoyer un courrier, il fallait passer par un bureau postal privé qui expédiait les lettres par bateau jusqu'à Chypre. De là, elles partaient en Europe… du moins, l'espérait-on. Rien n'était garanti, c'était un système incertain et angoissant. Quand j'ai enfin reçu des réponses des facultés de médecine – car je m'étais inscrite aussi en sociologie, en architecture et dans d'autres filières –, j'ai pris cela comme un signe du destin. C'était décidé, j'allais partir. *Mektoub*.

Vous croyez au destin ?
Oui, je suis orientale !

Alors, il y a ce prénom, cette petite fille, ce figuier, cette Orientale et… un spéculum ! Comment devient-on gynécologue-obstétricienne ?
Vous savez, quand on est étudiant en médecine, on fait des tas de stages. Et j'arrive dans une maternité, je ne m'attendais à pas grand-chose. Et là, je passe une nuit en salle de naissance et j'ai une révélation. Et je me dis : *C'est ça que tu dois faire, parce que ça, c'est magique.*

C'était un milieu très masculin, l'obstétrique, n'est-ce pas ?
Les femmes étaient rares dans la profession et elles n'étaient jamais professeures. Pendant longtemps, le féminin de « professeur » était simplement « praticienne hospitalière ». Dès nos études de médecine, dans les salles de naissance, la différence de traitement était évidente. Les garçons recevaient davantage d'attention, y compris de la part des sages-femmes qui leur permettaient plus facilement d'assister aux accouchements. Nous, les filles, devions nous montrer aimables, conciliantes, parfois même apporter des gâteaux, pour espérer la même considération.

Un classique ! Les femmes doivent toujours prouver plus pour obtenir la même reconnaissance.
Exactement. Et ce qui est frappant, c'est que ces inégalités existaient même dans des milieux exclusivement féminins, comme celui des sages-femmes. Elles étaient flattées de l'intérêt que leur portaient les garçons, tandis que nous, les étudiantes, devions sans cesse prouver notre valeur.
Je n'ai jamais cherché à faire carrière dans le milieu universitaire. Je savais que si j'avais voulu grimper dans la hiérarchie hospitalière, devenir professeure, j'aurais dû affronter d'énormes obstacles. J'ai vu des collègues, des internes brillantes, se heurter à un plafond de verre impitoyable. Mais ce n'était pas mon ambition. J'avais trois enfants, et je ne voulais pas consacrer ma vie à rédiger des articles et à courir après un PhD [diplôme de troisième cycle] dans une université lointaine. J'ai préféré ma place de praticienne hospitalière, être sur le terrain, en salle de naissance, et cela me rendait heureuse. Si j'avais voulu monter en grade, oui, j'aurais dû me battre bien plus que mes collègues masculins.
C'était vraiment une spécialité hyper concrète et quand on a vécu la guerre, on veut faire des choses qui ont du sens tout de

suite. Dans l'obstétrique, il y a un côté danger que les gens ne perçoivent pas : la plupart du temps, tout va bien. Et puis, de temps en temps, tout va mal ; et c'est là que nous gagnons nos galons. Grâce à notre expertise, notre calme, notre capacité à prendre des décisions… et il faut prendre les bonnes parce que sinon, ça va aller très mal pour tout le monde.

Faites-vous confiance à votre instinct ?
J'apprends… L'instinct, c'est de la compétence accumulée. Le plus important c'est d'être calme. Et même si on est terrorisé, personne ne doit le voir. J'ai eu la chance d'aller dans des équipes hyper intéressantes. Saint-Vincent-de-Paul, Les Bleuets, une autre maison, avec un mythe très fort : l'accouchement sans douleur. J'ai aussi travaillé dans un hôpital militaire alors que j'étais profondément antimilitariste.

… Et vous avez créé la Maison des femmes.
Ça, c'est une aventure tout à fait étrange qui n'avait pas été du tout planifiée, un concours de circonstances. Au moment de ma vie où mes enfants s'en vont, j'hérite d'un capital inestimable : le temps.

Comment avez-vous vécu le départ de vos enfants ?
Je déteste l'idée que mes enfants soient partis. J'aurais voulu qu'ils grandissent sans jamais partir ! J'ai adoré les voir évoluer, les accompagner dans leur construction. Et puis, avoir des enfants qui deviennent de jeunes adultes, c'est une expérience fascinante. Tout à coup, on se retrouve avec des compagnons de discussion, des interlocuteurs avec qui on débat de philosophie, d'éthique, de politique. J'ai adoré cette période, mais elle ne peut pas durer. C'est ainsi, il est dans l'ordre des choses que les enfants s'émancipent et quittent le nid. Personne ne reste toute sa vie auprès de sa mère.

C'est à ce moment-là qu'on vous propose de travailler à Saint-Denis ?
Oui. Pour moi, Saint-Denis, c'était la violence urbaine : voitures brûlées, drogues, bandes, mais je me suis dit : « Pourquoi pas ? » Je suis devenue cheffe de service pendant quatre ou cinq ans. C'est là que j'ai pris conscience de l'ampleur des dégâts : l'excision, la pauvreté, l'immigration sans intégration. Et de la violence que vivent les humains, celle qui les rend malades. J'ai vu des nourrissons violés, des drames. Rien de tout cela ne s'apprend à la fac.

C'est là que naît l'idée de la Maison des femmes ?
Oui. Je me suis dit qu'il fallait un lieu dédié aux femmes, à tout ce qu'elles endurent. Alors j'ai appris : lever des fonds, rencontrer des politiques. Je ne me sentais même pas légitime. Quand on a des racines ailleurs, au bout d'un moment, on n'est plus français ni libanais. On est citoyen du territoire que l'on choisit pour agir.

Ça a été un long combat ?
Énorme. En France, on vous ignore. Il faut perdre, perdre encore, et remonter sur le ring. Aux États-Unis, on encourage les initiatives. Ici, non. Mais un jour, la ténacité paie. La patronne de l'hôpital m'a confié un parking désaffecté. Et une femme m'a tendu la main. La Maison des femmes a commencé là.

Comment fonctionne la Maison aujourd'hui ?
C'est un centre de soins de jour, pas un lieu d'hébergement. On accompagne les parcours de contraception, d'avortement, d'interruption médicale de grossesse. On prend en charge les femmes excisées, les victimes de violences. Et on fait beaucoup de prévention.

Qu'est-ce qui vous anime aujourd'hui encore ?
La colère. La colère de voir qu'en 2025 des femmes sont toujours traitées comme des objets, dans l'indifférence générale. Ce qui me révolte, c'est cette banalisation. Comme si la violence contre les femmes était inscrite dans l'ordre des choses. Comme si, depuis des millénaires, cela allait de soi.

Vous n'avez pas de regrets ?
Non, ce n'est pas mon genre, ça ne sert à rien. J'aurais pu faire autre chose, autrement, mais en même temps je considère que j'ai une chance folle : j'ai adoré ce que j'ai fait, j'ai trois gamins fantastiques et des petits-enfants merveilleux. Je vis encore avec le même homme. Voilà, j'ai beaucoup de chance.

On arrive à la fin de l'entretien. Je vais vous demander quatre mots qui vous semblent importants, qui sont des piliers sur lesquels vous vous reposez pour bien vivre votre vie.
Liberté. Solidarité. Anticonformisme. Et système D.

Système D, c'est génial.
Il n'y a rien de mieux !

Ghada, c'était celle qui a connu la guerre, elle est l'obstinée. Les femmes dans la guerre, voilà encore un effacement...

En 1914, quand les hommes étaient au front, elles ont investi les usines, pris en charge la production d'armement dans des conditions souvent insalubres et dangereuses. Elles sont devenues les fameuses « munitionnettes », indispensables à l'effort de guerre. Elles ont géré les fermes, les manufactures, les hôpitaux, les enfants, les lignes de ravitaillement et les lignes de front de l'arrière.

Puis vint la Seconde Guerre mondiale, où elles ne se contentèrent plus d'être des soutiens, mais bien des résistantes. De Germaine Tillion à Lucie Aubrac, elles organisèrent des réseaux, risquèrent leur vie pour la liberté. Elles ont conduit des trains, fondu de l'acier, soigné sous les bombes, caché des résistants, transmis des messages. On a oublié que, parfois, elles tenaient à bout de bras un monde qui s'effondrait.

Quinze pour cent des résistants étaient des résistantes, l'a-t-on vraiment su ? Elles n'ont pas raconté ni demandé des médailles... On reconnaît aujourd'hui qu'elles se sont engagées beaucoup plus tôt que les hommes, en France, dès l'appel du général de Gaulle. Elles ont été main-d'œuvre, forces vives, piliers du quotidien.

On a gravé les noms des hommes tombés, mais pas ceux des femmes debout.

Plus récemment, il y a eu les guetteuses. Dix-huit ou dix-neuf ans. Elles ne sont pas là par hasard : ce sont les meilleures. Recrutées pour leur acuité visuelle exceptionnelle – bien supérieure, dit-on, à celle des hommes –, elles composent une unité d'élite, placée aux points les plus sensibles de la frontière de Gaza. On les appelle *tatzpitaniyot*, « sentinelles ». Elles travaillent dans des pièces aveugles, où la nuit ne s'arrête jamais. Elles scrutent, détectent, préviennent... Quatre heures d'affilée, les yeux rivés aux écrans, leur concentration est leur arme. Et pendant des semaines, à l'automne 2023, elles ont vu venir quelque chose : des regroupements inhabituels, des exercices répétitifs, un mouvement souterrain. Elles ont donné l'alerte plusieurs fois et elles ont été ignorées.

Le 7 octobre, à 6 h 29, les guetteuses étaient encore à leur poste, désarmées, et l'assaillant est entré : certaines ont été tuées, d'autres torturées. Shir a survécu et a dit : « Ce qui a tué ces filles, c'est le mépris. » Pas les balles, non. Le mépris – lent, diffus, enraciné. Celui qui invalide la parole des femmes, même quand elles voient juste, et qui transforme des vigies en dommages collatéraux.

Elles n'étaient pas en première ligne. Elles *étaient* la ligne. Et si elles avaient été entendues, écoutées, le pire aurait été évité.

Ghada, c'est aussi la femme qui faisait le même métier que mon père. Je l'avais vu à l'œuvre de très près, toute petite : la curiosité et le service aux autres, l'empathie, la disponibilité et l'altruisme. Rares étaient les personnalités susceptibles d'un tel engagement.

Une amie m'avait raconté qu'une visite chez le gynéco, c'était toute une histoire… D'abord, il avait fallu en trouver un, le dernier étant parti à la retraite. Les anciens installés ne prenaient plus de nouveaux patients… À Paris… Alors imagine ailleurs en France ! Finalement, celui qu'elle avait trouvé, c'était un vieux monsieur hâbleur, sympathique, né dans les années 1940, alors forcément, #MeToo, ça lui passait au-dessus de la tête, sévère…

Il lui relatait la vie de ses patientes : il en voyait tellement, depuis tant d'années, c'était toujours fendard de l'écouter. Cette année-là, il avait repéré deux tendances.

D'abord, il y avait de plus en plus de femmes seules et, pour elles, la vie était de plus en plus compliquée. Qu'elles soient cadres sup', avocates, entrepreneuses, médecins, employées : toutes foutaient une trouille bleue à la gent masculine. Alors, elles racontaient qu'elles étaient... vendeuses chez Sephora ! Sans se concerter, elles endossaient toutes cette identité. Qu'est-ce que ça voulait dire ? Une femme souple et bien mise, attentive, bienveillante est pour les messieurs la promesse de mains agiles et douces, indépendante mais pas trop, peut-être ? Elles ne savaient pas, mais sentaient bien qu'en effet, pour mettre un profil sur les applis, c'était mieux d'écrire vendeuse chez Sephora que docteure en physique nucléaire.

Deuxième grande tendance : les femmes mariées, lassées de leur quotidien, qui voulaient retrouver le goût de la passion, ne divorçaient pas, ne prenaient pas d'amant, non, c'était fini ce temps-là. Elles prenaient désormais... des maîtresses ! Beaucoup plus simple, moins périlleux et apparemment tout aussi torride.

Et tout ça, il le lui racontait une fois qu'elle avait glissé les pieds dans les étriers. Il fourgonnait là-dedans : Mary Poppins dans son sac, à deux doigts de sortir un miroir, une patère et une jolie plante. Puis – après avoir décrit les grandes tendances sociétales, donc – il concluait invariablement : « Le point G, c'est très simple, je vais appuyer dessus, vous allez voir. Comme ça, ça vous aidera la prochaine fois avec monsieur. » Alors il appuyait sur un truc, elle lâchait un « Ah bon », dubitative. Et c'était tout. En y repensant, elle ne voyait pas de mal. Mais certaines avaient dû l'entendre autrement : un jour, alors qu'il consultait depuis cinquante ans, il n'avait plus été possible de le joindre, il avait plié les gaules « pour motif personnel », elle apprendrait ensuite qu'il était en train de négocier le retrait d'un dépôt de plainte...

Isabelle Rome

Elle a l'aura d'une actrice de Hollywood : chevelure blanche, grands yeux bleus, elle est magnifique. Isabelle Rome est une magistrate redoutable, plus jeune juge de France à vingt-trois ans, puis présidente à plusieurs reprises de cours d'assises, très impliquée dans les prisons et dans la lutte contre la violence faite aux femmes et aux enfants. Elle a été ministre chargée de l'Égalité entre les femmes et les hommes, désormais ambassadrice pour les droits humains. Elle agit et agit encore, elle sait que la route est longue, mais qu'un jour on y arrivera. Peut-être.

Qu'est-ce que c'est, être tenace ?
C'est ne rien lâcher. Jamais. Avancer avec détermination, malgré les vents contraires. Mais il faut savoir faire la part des choses : la ténacité ne doit pas devenir de l'obstination aveugle. Il faut être capable de se dire : « Là, je me suis peut-être trompée. » Reconnaître ses erreurs fait aussi partie de l'intelligence.

Pourquoi avez-vous choisi la justice ?
Parce que j'ai grandi dans un lieu habité par les mots « République », « liberté », « égalité », « fraternité » – une école, véritable socle de la vie civique. Mes parents étaient enseignants. Je

voulais une voie d'ouverture. J'aimais les lettres, mais j'ai choisi le droit, pensant que ce serait plus vaste. Je m'y ennuyais, jusqu'au jour où j'ai découvert Rousseau et Montesquieu. *Du contrat social*, *De l'esprit des lois*… Là, tout s'est éclairé. J'ai compris que le droit pouvait être un outil pour faire une société. C'est devenu une évidence : je voulais devenir magistrate.

Et très vite, vous vous retrouvez juge d'application des peines, à seulement vingt-trois ans.
Oui, à Lyon. Un poste dans des prisons vétustes, surpeuplées. Ce fut un choc. Un choc carcéral. J'étais jeune, certes, mais surtout confrontée à la souffrance humaine dans toute sa brutalité. Ça m'a formée. Je crois que sans cette expérience, je n'aurais pas pris les mêmes directions ensuite. Ce fut fondateur : ce rapport au réel, au dénuement, à la douleur.

Et comment êtes-vous perçue, à cet âge-là, dans un univers aussi dur ?
Jamais je n'ai été traitée avec irrespect par les détenus. Les personnels pénitentiaires, eux, ont pu me regarder avec un brin de scepticisme au départ. Mais rapidement, j'ai trouvé ma place. En revanche, avec les policiers, ça a parfois été plus tendu. Le titre de mon premier livre vient de là : *Vous êtes naïve, Madame le juge*. C'est ce qu'un vieux policier m'a lancé après qu'un braqueur, que j'avais libéré en libération conditionnelle – avec toutes les garanties imaginables – eut récidivé. J'étais bouleversée. Et il m'a répondu : « Les braqueurs, c'est irrécupérable. »

Et vous, y croyez-vous encore, à la réinsertion ?
Oui. Et je ne suis pas la seule. Beaucoup pourtant m'ont dit : « Tu verras dans vingt ans. » J'ai attendu et je les contredis

encore aujourd'hui. Je crois à la possibilité de l'évolution, au déclic. Un amour, une passion, un métier peuvent transformer une trajectoire. J'ai vu des hommes se relever, changer. Un jour, un ancien détenu que j'avais libéré m'a reconnue à un feu rouge. Il m'a montré la photo de sa fille. Il avait refait sa vie. Ce genre de moment éclaire plus qu'une journée : ils illuminent une vocation.

Vous avez toujours été engagée. Notamment sur les prisons, puis sur l'égalité femmes-hommes.
En 2018, j'ai été nommée première haute fonctionnaire à temps plein à l'égalité femmes-hommes au ministère de la Justice. C'était un tournant. Longtemps, ces postes étaient symboliques, peu investis. Nicole Belloubet a voulu en faire un véritable levier. C'était nécessaire.

Et vous devenez ministre en 2022. Un passage remarqué, et pourtant non renouvelé…
Pour le non-renouvellement, disons… *no comment.* Mais je n'ai pas cessé d'agir pour autant. Le combat continue, autrement. Cela étant dit, avoir été ministre m'a incontestablement inspirée et reste une formidable expérience.

Quand vous étiez jeune magistrate, être une femme, était-ce un désavantage ?
À l'époque, je ne me posais pas cette question. Ce n'est que plus tard, en tant que juge d'instruction, puis présidente de cours d'assises, que j'ai pris conscience du sexisme et de la violence spécifique faite aux femmes. C'est venu avec l'expérience, les procès, les visages, les récits, les silences.

Ce combat-là, contre les violences faites aux femmes, vous y êtes venue par expérience ou par vécu personnel ?
Je n'aime pas le mot « militante ». Je ne représente aucun mouvement mais je suis profondément engagée. Le fil rouge de mon parcours, c'est la dignité humaine. Ce qui m'a conduite vers les victimes de violences, ce sont les faits. J'ai monté ma première association pour les femmes à quarante ans, c'est assez tard. Mais soudain, j'ai réalisé : j'avais travaillé pour les détenus, les toxicomanes, les jeunes de banlieue, les malades psychiatriques, les réfugiés… et j'avais mis de côté la moitié de l'humanité. J'ai vu à quel point les femmes étaient corsetées, abîmées, maltraitées. Ce fut une révélation fulgurante et dès lors, je n'ai plus détourné le regard.

Quand on lit vos livres, certaines affaires restent gravées. Une en particulier ?
Il y a des visages qui me reviennent, des sourires figés sur des photos. Mais cette jeune femme, massacrée devant ses enfants… Elle avait été frappée toute la nuit, probablement avec des fils électriques, puis étouffée avec un oreiller. Une violence inimaginable. Ou encore ce petit garçon qui, après avoir vu sa mère poignardée de quarante coups, mimait des gestes de couteau sans fin. Que devient-il ? On ne sait pas. Mais quand on a grandi dans un modèle de violence, celle-ci devient familière. Et l'on peut, ensuite, la reproduire… ou la supporter.

Vous avez coorganisé le Grenelle des violences conjugales. On a l'impression que les choses n'avancent pas. C'est une illusion ?
Les choses avancent. Lentement, mais elles avancent. Les outils se sont multipliés : téléphones d'urgence, bracelets antirapprochement, délais de protection raccourcis, hébergements accrus, formations renforcées. On comprend mieux l'emprise,

la dévalorisation, l'humiliation. Pourquoi certaines victimes retirent leurs plaintes : ce n'est pas de l'ambivalence, c'est de la survie. On a aussi commencé à prendre en compte l'impact des violences sur les enfants, aujourd'hui considérés comme covictimes. C'est une révolution dans les mentalités.

Vous questionnez aussi la présomption d'innocence. Un principe sacré, mais qui étouffe parfois la parole des femmes ?
Je suis profondément attachée à ce principe. Mais dans la vie courante, dès qu'une femme parle, on lui oppose ce mot : « présomption d'innocence », comme si sa parole dérangeait. Or, porter plainte, c'est difficile. C'est affronter le doute, le rejet, souvent de son entourage. Dans 90 % des cas de viol, l'auteur est connu de la victime. Elle prend tous les risques. Bien sûr qu'il faut rechercher la vérité mais ne balayons pas trop vite ce qu'elle dit.

La justice semble parfois inefficace : classements sans suite, correctionnalisation des viols… Pourquoi ?
La justice est perfectible. Mais elle est aussi le reflet d'une société. Si l'opinion doute encore de la parole des femmes, la justice aussi, parfois. Et elle ne peut pas tout. Il faut de la sanction, oui, mais aussi de la prévention, de l'accompagnement. L'Espagne a mis vingt ans pour bâtir un système cohérent. Nous commençons à peine.

Vous plaidez pour une reconnaissance légale du terme « féminicide ». Pourquoi est-ce important ?
Parce que nommer, c'est faire exister. Une femme peut être tuée parce qu'elle est une femme. C'est un fait. C'est structurel, universel, comme l'explique Françoise Héritier. En Belgique, ils ont classifié les féminicides. La loi pénale, c'est

l'âme d'un peuple. Le débat démocratique doit s'en emparer. On ne tue pas par amour, on tue parce qu'on veut posséder.

Vous avez travaillé dans les prisons de femmes. Pourquoi y retourner ?
Parce qu'après avoir prononcé des centaines d'années de prison, je voulais savoir comment elles étaient vécues. Pendant un an, j'ai été en immersion à la maison d'arrêt des femmes de Versailles. J'ai parlé avec les surveillantes, les détenues. J'ai écrit un livre pour comprendre et proposer, pour ne pas juger de loin.

Vous avez souvent quitté votre bureau de juge. Pourquoi ?
Parce que la justice ne peut pas être un monde clos. Dès mes débuts à Lyon, je suis allée dans les quartiers, à Vaulx-en-Velin. J'ai cofondé l'opération Objectif citoyen pour expliquer aux jeunes que la loi n'est pas qu'une punition, c'est aussi ce qui protège, ce qui permet de vivre ensemble.

Avez-vous vécu du sexisme dans votre métier ?
Sur le moment, non. Mais avec le recul… oui. À Versailles, je voulais présider la cour d'assises. On me répondait : « Il y a d'autres candidats. » Traduction : pas vous. Ce n'est que lorsqu'une femme a été nommée première présidente que j'ai eu ma chance. On disait : « Elle ne tiendra pas les assises. » Parce que j'étais douce et que j'étais une femme. Et puis il y a eu ces remarques blessantes, quand je suis revenue sur le terrain après avoir travaillé en cabinet ministériel : « Elle vient faire son argent de poche. » Ce n'était pas anodin.

Pourquoi rester dans la justice ? Pourquoi devenir magistrate ?
Parce que j'ai des idéaux. Parce que je crois au contrat social, à l'État de droit, à la présomption d'innocence, au contradictoire.

Parce que l'humanité m'intéresse. Dans ses failles, ses grandeurs, ses douleurs. Et parce que je crois, comme Paul Ricœur, que « quelque chose est dû à l'être humain du seul fait qu'il est humain ».

Y a-t-il une limite à votre engagement ?
Oui. Klaus Barbie. Quand j'étais jeune juge d'application des peines à Lyon, il était incarcéré. Un jour, on m'a emmenée dans sa cellule. On m'a dit : « Vous verrez, c'est un monsieur très correct. » Et j'ai reconnu ses yeux de vautour, j'ai refusé de lui serrer la main. Ce jour-là, en sortant de la cellule, j'étais écœurée : les prisons de Lyon sont juste à côté de la gare. En temps normal, j'aurais pensé aux détenus regardant les trains s'éloigner. Mais là, j'ai pensé aux trains que Barbie avait fait partir. L'idée d'être, même indirectement, un maillon d'une éventuelle grâce médicale me bouleversait profondément. J'ai préféré ne rien faire. Il est mort en prison et c'est très bien ainsi.

Donnez-moi quatre mots pour bien vivre sa vie.
Vérité. Amour. Combat. Dignité.

Isabelle m'a fait une très forte impression, j'aurais dû lui parler d'une chose qui me taraude. Je le ferai un jour, j'espère : je suis viscéralement contre la prescription.

Parce que la prescription, en matière de violences sexuelles, n'est pas un principe de justice, c'est un outil d'effacement. Un dispositif poli, encadré, institutionnalisé, qui permet de dire aux victimes : « Tu as trop attendu, chérie. C'est trop tard. » Encore une fois, la justice penche du côté des bourreaux. Car c'est là le cœur du scandale : les violences sexuelles, surtout quand elles frappent des enfants, viennent avec le silence, elles s'en repaissent. Un silence cultivé, exigé par la peur, l'emprise, la honte, ou par l'amour parfois. On ne parle pas parce qu'on ne comprend pas, on croit que c'est normal ou que c'est de notre faute. Et on finit par se taire si longtemps que la justice tourne la page. La mémoire, elle, ne tourne rien du tout. Elle revient, vingt, trente, quarante ans après. Elle revient dans une phrase, un rêve, un corps qui tremble, un enfant qu'on met au monde.

Mais alors, c'est la ritournelle : « Désolé. Les faits sont prescrits. » Certains diront : « Mais c'est la règle du jeu. » Très bien. Changeons les règles.

Depuis quand la possibilité de la justice est-elle un acharnement ? Quand la vie avance, les preuves s'atrophient, les mémoires s'effacent, c'est vrai. On devrait encourager et chérir le moment où une femme raconte.

Des avocates (souvent, oui, des femmes. Pourquoi ? Je ne sais pas), la voix posée, expliquent : « Il ne faut pas faire croire aux victimes qu'on pourra juger des faits si anciens. Il n'y aura plus de preuves. Ce sera forcément une déception. » Comme si le silence valait mieux que l'échec. Oui, en droit français, comme dans toutes les belles démocraties du monde, on ne condamne pas sur une parole seule. Il faut des preuves ou au moins des indices concordants. Mais ce n'est pas une raison pour imposer un délai de silence légal. Car refuser la prescription, ce n'est pas promettre une condamnation : c'est laisser ouverte la possibilité de parler, d'enquêter, de transmettre. C'est affirmer qu'un crime ne devient pas moins grave parce qu'il vieillit bien. Une de ces avocates s'inquiète d'une « justice sans fin ». Mais ce qui n'en finit pas, c'est le silence. Ce qui ronge, ce n'est pas le procès, mais plutôt l'impossibilité de le demander.

Dire à une personne violée dans l'enfance qu'elle ne pourra pas porter plainte parce qu'elle risque d'être déçue, c'est comme dire à quelqu'un : « Ne cherche pas ton parent disparu. Il est peut-être mort. » Ce n'est pas à la justice de protéger du chagrin, mais c'est à elle de reconnaître les faits, même longtemps après. Ou au moins de tenter de le faire.

Bannir la prescription, c'est enfin changer le curseur de la peur. Jusqu'ici, il est sur les épaules des victimes : « Si tu parles trop tard, c'est trop tard. » Mais pourquoi ne serait-ce pas l'agresseur qui devrait vivre avec cette crainte ? L'idée qu'un jour, peut-être, la parole surgisse et que son nom sorte.

La prescription protège les agresseurs. Le temps doit être l'allié des survivantes.

Isabelle Steyer

Dans le studio de RTL est entrée la douceur incarnée : c'était l'avocate Isabelle Steyer. Ce calme apparent cache une combattante : plus de trente ans à lutter pour les femmes. Isabelle Steyer est pénaliste, elle se tient aux côtés des victimes, toujours et sans concession. Les féminicides, elle ne les compte plus, elle les expose, elle attaque même l'État pour défaillance. Elle connaît par cœur ces drames qu'on dit évitables, ces plaintes classées sans suite jusqu'au jour où il est trop tard. Elle refuse la fatalité, parce que la justice ne peut pas être une cause perdue d'avance.

Qu'est-ce qu'être tenace ?

C'est porter les femmes haut, jusqu'au bout, ne jamais les lâcher. Quand une femme pousse la porte de mon cabinet, une sur dix seulement ira jusqu'au bout de la procédure. Mon rôle, c'est de les amener jusqu'à la liberté. Parce que c'est bien de cela qu'il s'agit : non pas un simple divorce, mais un projet d'émancipation. Je leur dis toujours : « Parlez-moi de votre projet de liberté, pas de votre projet de divorce. »

Pourquoi avoir choisi le droit plutôt que la psychologie ?
Parce que la psychologie enferme. Moi, je voulais porter leur voix, revendiquer, être militante. Le monde judiciaire m'attirait.

Vous êtes entrée dans un milieu très masculin. Comment avez-vous fait votre place ?
C'était un univers d'hommes. En cour d'assises, 97 à 99 % des accusés pour viol sont des hommes, défendus par des hommes. Leur rhétorique est toujours la même : *elle n'aurait pas dû être là, elle ne s'est pas débattue.* Il fallait imposer une autre façon de plaider. Défendre autrement – en expliquant, en décrivant le vécu des victimes – c'était une voix qu'on cherchait à étouffer.

Pourquoi les pénalistes défendent rarement les victimes ?
Parce qu'on préfère qu'elles n'existent pas, qu'elles se rétractent ou disparaissent du procès. Mais leur place est légitime. Elles peuvent faire appel, demander des actes. L'accusé ne doit pas seulement répondre devant ses juges, mais aussi devant celles qu'il a brisées.

Un souvenir marquant ?
La photo de Pascale Escarfail, première victime de Guy Georges. Dans ses yeux, la peur pure. Pas celle des films d'horreur, la vraie terreur. Elle a compris qu'elle allait mourir et ce regard, je l'ai toujours en tête.

Et cette peur est désormais reconnue par la justice ?
Oui. Depuis peu, la Cour de cassation a reconnu l'« angoisse de mort imminente » comme un préjudice à part entière. Comme les femmes victimes de viol qui disent avoir « vu la mort en face ». Ce traumatisme ne s'efface pas. Il se transmet, même aux enfants. Cette peur voyage.

Comment faites-vous face à cette violence ?
On improvise. Un jour, une femme s'est effondrée en entendant le dernier message vocal de sa sœur. Je me suis allongée à côté d'elle, je lui ai pris la main. On est restées là, en silence, à attendre que la vague passe. Puis elle est partie. Seule, parce que la vie continue, même après l'inimaginable.

Par deux fois, vous avez attaqué l'État pour féminicide. Pourquoi ?
Parce que l'institution échoue à protéger ces femmes. Isabelle Thomas, assassinée après avoir porté plainte. Nathalie Debailly, enlevée devant son lieu de travail. La police a mis des heures à intervenir. Trop tard. Ce n'est plus une question de moyens. C'est un choix de ne pas les protéger.

Et pourtant, vous croyez encore au droit ?
Oui, même si 80 % des plaintes sont classées, même si 90 % des viols restent impunis. Il faut un vrai constat après chaque plainte. Il faut évaluer le danger et ne plus laisser ces femmes rentrer chez elles.

Vous évoquez souvent le contrôle coercitif...
Oui. C'est ça le plus sournois. Ce ne sont pas toujours des coups. C'est « Où tu vas ? », « Qui tu vois ? » Un jour, une de mes clientes a été brûlée vive. Je l'avais alertée. La police n'a pas bougé. Parce que ce n'étaient « que » des violences psychologiques. Pourtant, depuis 2010, ça constitue un délit.

Si vous deviez convaincre une femme de franchir le pas ?
Je lui dirais : « Redeviens toi-même. Jusqu'à la liberté. » Beaucoup vivent dans une cage avec un fauve. Elles font tout pour ne pas l'énerver. Je leur dis : « Imaginez... Vous allez pouvoir penser, agir, choisir. Pour vous, quand vous voulez. » Puis je

leur demande de représenter leur journée en camembert : les enfants, les courses, le ménage, leurs parents, leur mari… Il n'y a pas un moment pour elles. Alors je conclus : « Il est temps de prendre votre place. Dans votre propre vie. »

Quatre mots essentiels pour vivre ?
Liberté. Être soi. Ne pas se trahir. Et force intérieure. Chacun a en lui une stature intérieure. Il faut s'y tenir, coûte que coûte.

Isabelle est une combattante, elle me réconcilierait presque avec la justice que je trouve tellement injuste.

Une autre avocate m'avait dit : « Honnêtement, si je m'étais fait violer, je n'aurais pas porté plainte. C'est un tel parcours du combattant. Il faut déjà trouver un policier attentif et délicat (il y en a) et puis répéter mille fois son supplice, et puis être confrontée à son agresseur, répéter encore. Voir sa parole être mise en cause, donner des détails, être humiliée : "C'était quand même très court, pourquoi y êtes-vous allée ? Pourquoi êtes-vous montée dans la chambre ? Vous aviez bu ?"... L'enquête – quand elle a lieu –, les vices de procédure, le procès... Et pendant le procès, les horreurs des avocats de la partie adverse. C'est une épreuve dans l'épreuve, il faut tenir, être patiente et pas sûre du résultat (94 % de classement sans suite). Non, décidément, si j'étais violée, j'irais voir un psy, et je tenterais de régler mon problème entre quatre murs, avec une boîte de Kleenex, mais je ne mettrais jamais un doigt dans la justice : elle broie. »

Une très jeune femme de ma connaissance a été violemment agressée par un ami de ses parents, bête médiatique, incontournable des plateaux télé et bien installé dans le paysage... Ses parents, eux-mêmes personnalités reconnues, l'ont vivement encouragée à déposer plainte. Elle a refusé. Pas par faiblesse mais par lucidité. Elle savait exactement ce qui l'attendait : les doutes, les insinuations, le soupçon toujours dirigé contre la victime, surtout quand l'agresseur a son fan-club – et le bon CV idéologique. Elle savait qu'à partir de là son nom serait irrémédiablement accolé à celui de son bourreau et qu'elle serait à jamais prisonnière d'un récit qu'elle n'avait pas choisi.

Dans les affaires de violences sexuelles, il me semble que, très souvent, la justice donne le sentiment de se pencher davantage sur l'image, la carrière ou le confort des agresseurs que sur la dignité des victimes.

Dans le procès Depardieu, il faut vraiment avoir perdu tout sens de la décence pour aller s'emmancher avec l'avocat au rimmel : mayonnaise sur rillettes. L'avocat en question a utilisé des termes tels que « hystérique » et « insupportable » pour qualifier une consœur, ce qui a conduit environ deux cents avocats à signer une tribune dénonçant son comportement sexiste. Lui, après, pleurniche dans *Le Monde*, éructe sur les victimes, qui sont pourtant bien gentilles d'être là : c'est accablant et c'est obscène.

Dans l'atroce procès des viols de Mazan (procès exemplaire, si j'ai bien compris, tenu par un président impeccable), il y a eu cette phrase d'un avocat de la défense, que je prends au hasard parmi tellement d'autres paroles, tout aussi minables : « Il y a viol et viol. Et sans intention de le commettre, il n'y a pas viol. » La phrase d'Audiard, sur les cons qui osent tout et que c'est même à ça qu'on les reconnaît, prend ici tout son sens. Propos graveleux et ineptes dans le prétoire. Le droit sacro-saint de la défense : il faut se l'encaisser ce truc sacré quand on est la victime, la prendre en pleine face, cette phrase, quand plus de cinquante types vous sont passés dessus. Réponse de l'avocat de Mme Pelicot : « Que la justice soit intrinsèquement porteuse de violence, c'est acquis. C'est le droit de la défense. Il y a parfois une forme de gratuité dans la violence infligée. Je ne commenterai pas ces mots employés. Ils sont juste insupportables, y compris pour le conseil que je suis, mais surtout pour mes clients. » Et dehors : moqueries, posts cyniques sur les réseaux sociaux. Bref, tout concourt à faire de la salle d'audience un nouveau terrain d'humiliation pour la plaignante. Gisèle Pelicot, droguée et violée, s'y est retrouvée accusée, soupçonnée, psychologiquement harcelée, pendant qu'une avocate, de la défense toujours, ricanait et dansait sur Instagram sur l'air de *Wake Me Up Before You Go-Go*. Dégueulasse. Et cette dame ignoble a à peine été tancée par l'ordre des avocats.

Et pourtant, près de 70 % des magistrats en France sont des femmes aujourd'hui. Ce chiffre pourrait faire croire à une institution plus équitable et plus consciente. Mais il ne suffit pas d'être une femme pour faire évoluer le système. Tant que les logiques de pouvoir, de hiérarchie et de neutralité feinte primeront, la justice continuera de protéger l'ordre établi, même contre les femmes.

Et dans les affaires de violences sexuelles, une mécanique bien rodée se met en marche : un renversement indécent des rôles – où l'agresseur est présumé victime d'un système trop empathique envers la souffrance – qui révèle une culture judiciaire encore profondément imprégnée de suspicion envers celles qui osent parler. On invoque à leur encontre la « vengeance », on suspecte la « manipulation », on redoute une « justice vindicative », comme si les femmes ne pouvaient pas réclamer justice sans arrière-pensée. Pourtant, dans ce genre de procès, il ne s'agit pas de faire triompher la colère, mais de garantir que la justice ne reproduise pas, dans ses formes, les violences qu'elle prétend juger.

Il faut sans doute chercher la racine de cette dérive dans une culture judiciaire façonnée par des décennies d'un combat peut-être aussi noble que nécessaire : celui contre la peine de mort, mené par Robert Badinter. Dans sa plaidoirie historique de 1981, il tonne : « Mais la justice ne se confond pas avec la vengeance. »

Cette idée a malheureusement forgé une sorte de jurisprudence morale : à trop vouloir éviter le piège de la vengeance, la justice française se construit contre l'émotion, contre l'indignation, contre la souffrance même. Comme si reconnaître la douleur d'une victime revenait à trahir la raison. On n'écoute pas une femme, on la soupçonne. La figure de l'accusé, sanctuarisée au nom des droits fondamentaux, est devenue intouchable, tandis que celle de la victime est scrutée, disséquée, mise en doute.

Le rôle de la justice, ce n'est pas la vengeance. Mais ce n'est pas non plus tapoter dans le dos des agresseurs en murmurant : « On comprend, c'est compliqué pour vous aussi. »

Et ce n'est certainement pas d'acculer la victime, déjà plantée de banderilles.

Véronique Béchu

En France, un enfant est victime de violence sexuelle toutes les trois minutes. La France est destinataire de plus de 350 signalements par jour de faits constatés de violences sexuelles sur mineurs en ligne. Et dans cet enfer, il y a une super héroïne : une grande flic qui a fait de la lutte contre la pédocriminalité en ligne le combat d'une vie. Véronique Béchu est commandante de police, cheffe du pôle stratégique de l'Office des mineurs et, depuis peu, directrice de l'Observatoire de lutte contre les violences numériques faites aux mineurs, e-Enfance. Elle a une empathie et une résistance en titane, une paire de lunettes rondes à la Harry Potter, qui lui permettent de supporter ce qu'elle doit regarder. Dans son cœur, il y a celui des enfants qu'elle a su sauver.

Qu'est-ce que c'est, être tenace, pour vous ?
C'est ne rien lâcher. Attraper un fil au début d'une enquête, parfois juste une image, une trace infime, et aller jusqu'au bout. Pour moi, c'est identifier une victime, la retrouver, et mettre hors d'état de nuire un prédateur sexuel.

Vous venez d'un environnement protégé. Ça n'a rien d'un destin écrit?
Oui, j'ai eu une enfance paisible, avec des parents aimants, une grande fratrie. Mon père était directeur d'usine, ma mère assistante de direction avant de se consacrer à ses enfants. Il n'y avait rien, a priori, qui me prédestinait à plonger dans les ténèbres.

Vous vouliez être médecin, c'est ça?
Pédiatre, depuis toute petite. Et le jour de l'inscription à la fac, j'étais devant le stand médecine, déterminée. Et là, un étudiant me hèle : «Tu sais ce que c'est que le droit?» Il me parle de législation, de justice, d'action publique. Je suis restée une demi-heure à discuter. Et j'ai changé. Je suis allée au stand d'à côté, et je me suis inscrite en droit. Je rentre à la maison, ma mère me dit : «Ça y est, enfin tu es inscrite en médecine!» Je lui réponds : «Pas du tout, je me suis inscrite en droit.» Tout le monde est tombé de l'armoire.

Qu'est-ce qui vous a séduite?
Le droit pénal, les sciences criminelles. Pas le droit commercial, administratif ou des affaires. Ce qui m'intéressait, c'était l'utilité publique immédiate, concrète, le fait de pouvoir agir, de toucher les gens, comme un médecin, mais à plus grande échelle.

Et les enfants? Pourquoi eux?
Au départ, je voulais être magistrate. J'ai raté le concours aux oraux, une vraie claque… Alors je me suis dit que la première marche du traitement judiciaire, c'était la police, l'enquête, le terrain. J'ai donc passé le concours d'officier. Le métier de commissaire, trop administratif, ne m'attirait pas. Je voulais vraiment être aux prises avec le terrain, malgré les difficultés,

cela donne du sens à l'action. Et ce qui faisait tout particulièrement sens pour moi, c'était de lutter contre les violences faites aux personnes. Et puis, qui sont les plus vulnérables? Les enfants. J'ai alors visé un poste à la brigade des mineurs. En 2003, il y en avait deux. J'ai eu la chance d'en avoir un.

Et vous n'avez jamais quitté cette mission.
Je suis restée dans cette thématique. J'ai pris des responsabilités, j'ai changé de groupe. J'ai commencé dans les affaires intrafamiliales : inceste, violences physiques. Puis je suis passée aux violeurs en série d'enfants. Le seul groupe que je n'ai pas intégré, c'est le groupe Internet. Ce qui est ironique.

Parce que vous êtes aujourd'hui la patronne de ce groupe.
Oui. À l'époque, mes collègues disaient : «Tu touches un ordinateur, il explose.» Je ne savais pas ce qu'était une adresse IP. En 2015, j'ai fait une formation à Singapour. La cheffe du groupe national de lutte contre l'exploitation sexuelle en ligne cherchait un adjoint. Elle m'a dit : «C'est toi que je veux.» J'ai accepté. En 2018, j'ai pris la tête de l'unité. Parce que l'ampleur de la menace en ligne, aujourd'hui, est pire que tout ce que j'avais vu précédemment à la Brigade des mineurs.

Vous parlez de «chute libre», de «monde parallèle». Ce travail vous a marquée?
Ça laisse des traces effectivement. On intègre complètement les mécanismes de prédation des pédocriminels. On en devient hyper vigilant. Pas méfiant, ni paranoïaque, mais vigilant. On développe un «radar» de détection des signaux faibles pour les victimes et de comportements inadaptés pour les individus au contact des mineurs. Et surtout, il est impératif que tout parent soit au courant de ce qui se passe pour leurs enfants derrière leurs écrans.

Vous débutez à la brigade des mineurs. Vous souvenez-vous de votre premier jour?
Parfaitement. C'était le 15 juillet 2003. Il faisait une chaleur atroce. J'avais des étoiles plein les yeux – ayant défilé la veille sur les Champs-Élysées – et une volonté farouche de commencer mon activité de policier au bénéfice des enfants. L'ambiance à la Brigade de protection des mineurs était particulière, un sujet de travail rude, ce qui engendrait des équipes très soudées. Mon chef m'a confié un dossier dès le lendemain : l'audition d'un enfant victime de violences sexuelles. Une confiance très stimulante sans aucune formation préalable! J'ai alors appris sur le tas à être présente sans être envahissante. À écouter, sans manifester mon affect.

Il y a une affaire qui vous a marquée plus que les autres?
Oui, la première, parce que je découvrais un tout nouveau monde : être enquêtrice et traquer les pédocriminels. Une série de photos d'une petite fille retrouvée à l'autre bout du monde. Un vague élément de décor, un micro-fil à tirer. Mon équipe et moi avons travaillé pendant des semaines. Et nous l'avons identifiée, nous l'avons aidée comme plusieurs autres petites filles, également victimes du même abuseur. Ce jour-là, j'ai su que ce métier valait tout.

Et comment encaisse-t-on ce qu'on voit? Préparez-vous votre cerveau avant de visionner les images?
Oui, on se prépare. À chacun ses rituels. Moi, je lis le titre de la vidéo, le nom du fichier. Ça me donne un indice de ce à quoi je vais être exposée. Ensuite, je regarde le contenu sans le son. Le cerveau assimile l'acte, visuellement. Puis je n'écoute que le son. L'association des deux, au premier visionnage, peut être particulièrement difficile. Certains collègues font des pauses ou regardent la vidéo en noir et blanc ou en petit

format pour en gommer autant que possible la réalité. C'est dérisoire, mais symbolique. On essaie de créer une distance. Cela ne fonctionne pas à chaque fois. Et il arrive que l'on soit confronté à un élément qui fasse résonance personnellement. Une musique, un objet… Un jour j'ai vu une vidéo dans laquelle il y avait une boîte à musique identique à celle de mon bébé. J'ai mis la vidéo sur pause.

Il faut connaître ses limites ?
Exactement. Mon seuil change selon les jours, en fonction de mon état de fatigue, des soucis personnels qui émaillent notre quotidien, nous restons des êtres humains.

Comment vit-on avec ces images ?
On ne vit pas « avec », on vit « malgré » ces images. On apprend à s'armer. À compartimenter. On se dit : « Tu vas voir ça, prépare-toi. » Mais parfois, une image brise la carapace. Une nuit, j'ai rêvé d'une petite fille. Elle avait passé la journée avec moi, interagissant tout à fait normalement alors que j'avais précédemment visionné les vidéos de ce qu'on lui avait fait subir (viols avec actes de torture et de barbarie). Je me suis réveillée avec des griffures aux mêmes endroits du corps où elle-même avait été attachée. J'avais fait un transfert… Ça laisse des traces.

Justement, y a-t-il une audition qui vous a bouleversée ?
L'audition d'un petit garçon en situation de handicap cognitif. Notre incapacité commune à nous rejoindre pour qu'il me communique ce qui lui était arrivé afin que je puisse lui venir en aide. Il était coincé dans son monde, et moi, faute de formation je n'ai pas pu l'y rejoindre alors qu'il avait besoin de moi.

À quoi ressemble votre quotidien ?
À des nuits trop courtes. À des petits déjeuners muets parce que je suis encore dans l'affaire de la veille. À des moments où il me faut soit m'isoler soit être très entourée. Mais aussi à des moments de grâce : un enfant qui vous serre la main, une victime qui vous dit merci. C'est un équilibre précaire.

Vous avez fait un burn-out. Et pourtant, vous êtes là.
J'ai tenu jusqu'à l'épuisement. Et j'ai dû être arrêtée quatre mois. Alors j'ai écrit, j'ai respiré et je suis revenue. Parce que si je ne le fais pas, qui le fera ? On est déjà trop peu.

Combien êtes-vous aujourd'hui ?
Dans mon service actuel, nous sommes 45. Pour 67 millions de Français. Il y a d'autres brigades, police et gendarmerie, mais c'est dérisoire. D'autres pays ont fait de cette question une priorité nationale, depuis vingt ans. Ce n'est pas encore le cas en France.

Comment lutter ? Il y a même sur le dark web des « guides » pour devenir pédocriminel…
Oui. Il y en a plusieurs actuellement en circulation. Des guides avec des conseils pour abuser d'un nourrisson sans laisser de trace. Comment gagner la confiance de l'enfant, éviter qu'il ne parle. En France, ces écrits ne sont pas interdits. Il faut une image pour que l'infraction soit caractérisée. D'autres pays, comme l'Allemagne ou la Belgique, les interdisent. On y viendra.

La justice, c'est un vrai problème, non ?
Je ne peux pas dire grand-chose. Mais oui, les peines sont souvent légères. La récidive est mal gérée. On considère encore trop souvent que détenir des images, ce n'est pas « aussi grave ».

Or, 40 % de ceux qui en possèdent passeront à l'acte physiquement sur un enfant. Il faut le dire. Posséder ce type de contenu, c'est être complice des violences subies par l'enfant, c'est banaliser la circulation de vidéos issues de l'exploitation sexuelle des mineurs, c'est contribuer à ce qu'ils continuent, c'est inciter à ce qu'ils soient produits.

Dans votre métier, la question du genre est-elle importante ?
Pas tant. À la brigade des mineurs, on était en parité. C'est un métier de sensibilité, pas de genre. Certains enfants préfèrent parler à un homme, d'autres à une femme. Dans mon unité, aujourd'hui, il y a un peu plus de femmes. Mais ça varie en fonction des recrutements.

Vous n'avez jamais senti le poids d'être une femme ?
Il y a du sexisme, bien sûr. Mais on ne m'a jamais empêchée de faire quoi que ce soit. Le fonctionnariat a cela de bon : ce qui compte, c'est le travail.

Mais les prédateurs, ce sont majoritairement des hommes ?
Oui. Entre 96 à 98 %, selon diverses recherches. Les violences sexuelles sur enfants, c'est une délinquance masculine. Il y a des femmes, mais c'est très minoritaire et les femmes (majoritairement incestueuses) ne se filment pas et ne diffusent pas leur production.

Les vidéos « pirates », vous en parlez aussi.
Oui. Ce sont des vidéos tournées par les parents eux-mêmes, dans la chambre, le salon, pour prouver que leur enfant est maltraité par une nounou. Et c'est parfois plus dur à voir que les contenus pédocriminels, car c'est familier, ça pourrait être chez vous. On se dit : « J'ai les mêmes objets, la même bibliothèque. » Ça crée une résonance personnelle.

Parvenez-vous à couper, parfois ?
J'apprends. Une expo, une balade. Une heure sans écran. Mais je reste sur le fil, je suis humaine. Le stress post-traumatique, je connais. À Pâques, à table, en famille, le bruit d'un couteau électrique m'a replongée dans une scène de crime atroce : un adolescent avait découpé son ami, avec le même type de couteau. J'ai dû quitter la table. Aujourd'hui, j'y arrive mieux. Je sais quand il faut sortir, souffler.

Réussissez-vous à faire la scission pro/perso ?
De mieux en mieux mais c'est dur. Je suis hypersensible. Je me dis souvent : pourquoi je m'inflige ça ? Je le fais parce que je sais que je suis utile. Et parce que mes collègues tiennent aussi. On se soutient : on est comme une famille dans la tempête. Et chaque enfant sauvé justifie les efforts.

Vous avez eu des enfants, vous avez craint pour eux ?
Non. Je les ai éduqués. À chaque âge, une étape. Je suis pour une éducation dès la maternelle : « Ton corps t'appartient. » Ne pas forcer un enfant à embrasser quelqu'un s'il ne veut pas. Apprendre à dire « non ». À qui parler. Ça s'apprend.

Vous avez essuyé des échecs ?
Oui. Professionnels, personnels. Un divorce. Des absences. Des projets avortés. Mais aussi des victoires. Et une forme de résilience. Et peut-être, un jour, la robe de magistrat. Qui sait ?

Et vous, vous restez debout ?
Oui. Parce que je pense aux enfants. Parce que je sais que le combat vaut la peine. Parce que je crois encore à la possibilité d'un monde où ils seront protégés.

Qu'est-ce qui est plus fort que vous ?
La communauté pédocriminelle sur Internet. Mais on les attrape, et chaque arrestation est une victoire. Il n'y a pas d'impunité.

Et malgré tout, vous restez optimiste.
Oui. C'est la société dans laquelle on vit. Il faut en prendre acte, et faire en sorte que nos enfants y grandissent en sécurité.

Quatre mots pour être bien dans sa vie ?
Confiance. Détermination. Humilité. Joie.

Véronique m'a expliqué qu'elle prête une attention méticuleuse aux détails des vidéos ignobles qu'elle regarde. Dans telle scène de viol d'enfant, tournée dans une salle de bain, il y a ce paquet de lessive uniquement vendu près de la frontière belge ; dans telle autre un doudou, un magazine... Un travail d'archiviste méthodique et un corpus de sources insoutenables.

Les détails, c'est aussi ce qui reste d'une agression et d'une violence. Ce qui change votre vie à jamais, car, quoi que vous fassiez (EMDR, thérapie, trépanation, électrochoc, mort peut-être ?!) quelque chose vous y renverra. Et tous les jours, en plus.

Le plus aigu des sens, l'odorat, nous pauvres bêtes ! Un parfum, évidemment ; c'est simple, mais aussi, plus sournois : la traîne d'une clope (pas comme si c'était d'une rareté folle), un sous-bois, l'intérieur cuir, une chambre d'hôpital, une aisselle, un couloir de métro…

Et puis, après, tout le reste. Le corps est un pense-bête : la mer, une façon de poser sa tasse, une bague, un savon, une voiture qui passe, la couleur des draps du lit, une fleur. Même des choses jolies, hein, ça serait moche que tout soit moche.

C'est fascinant la mémoire, c'est le plus beau, le plus puissant de nos superpouvoirs d'être humain. Et c'est aussi une tyrannie : elle ne prévient pas, surgit, impose et mord.

On croit que c'est fini, mais tout est là, dans chaque jour qui commence.

Comme disait ma grand-mère : « Tout avantage a ses inconvénients, mais tout inconvénient a ses avantages. » Alors je préfère me souvenir de tout et surtout de la vie, qui est si belle.

Dorothée Olliéric

Son décor à elle, c'est le chaos du monde. Dorothée Olliéric est reporter de guerre et elle traverse les conflits avec une belle mission : être là où tout bascule. Ukraine, Afghanistan, Sahel, elle filme l'histoire, la vit et la raconte aussi dans son livre, *Maman s'en va-t-en guerre*, parce qu'elle a longtemps jonglé entre deux mondes : celui du fracas, de l'urgence et celui de la famille. Pendant des années, elle a dû composer : partir, revenir, parce que la vie des hommes doit être racontée.

Reporter de guerre et mère, c'est votre vie. Quand vous partez, vous dites au revoir à vos enfants et parfois quelques larmes coulent dans l'ascenseur. Est-ce que la ténacité a un prix, et ce prix, c'est la culpabilité ?
Oui. C'est une charge invisible mais constante. Elle m'habite depuis des années et même si elle ne me paralyse pas, elle pèse. Elle est là, dans les regards aussi. Le jugement social est tenace. Quand je pars, c'est là que le poids est le plus fort. Une fois sur le terrain, elle s'atténue. Mais au moment du départ, je la ressens dans chaque fibre.

Un jour, une prof de votre fils vous a dit quelque chose de très dur…
Oui, un rendez-vous parents-profs. Mon fils ne travaillait pas assez, je revenais d'Afghanistan. Et elle m'a dit : « Vous ne croyez pas qu'il faut arrêter de partir en reportage dans des pays en guerre ? Qu'il y a un temps pour jouer les baroudeuses et les aventurières ? Qu'une mère, c'est ce qu'il y a de plus important ? » J'ai fondu en larmes, comme une petite fille. Je me suis demandé si elle n'avait pas raison. Mon fils avait dix ans, j'étais souvent absente, même après mon congé maternité. J'ai douté. Mais ce métier, c'est mon choix et le père est là, les nounous, l'organisation… alors j'ai continué. Je suis repartie.

Mais n'est-ce pas aussi une force, ce que vous leur transmettez ? Montrer à vos enfants une femme passionnée ?
Probablement. Je pense qu'une mère épanouie est une bonne mère. Oui. Que le modèle d'une vie de passion est essentiel pour montrer la voie à ses enfants.

On vous sent encore dans une forme de justification… Vous racontez que, sur le terrain, vous faites réciter les tables de multiplication à votre fils au téléphone alors que les bombes tombent autour. Et lui, il s'énerve parce que vous ne l'écoutez pas. Vous vivez deux vies, non ?
Complètement. Il y a ma vie parisienne, maternelle, où je suis très présente. Et il y a cette autre vie, celle du terrain, celle de la guerre. Certaines années, je suis partie quatre, cinq, parfois six mois. Jamais d'un seul bloc, mais en missions de trois semaines, parfois un mois. Et à chaque retour, on réapprend. On retrouve un rythme. Et puis on repart. Ce n'est pas simple. Mais c'est ainsi.

Et ce prix-là, cette culpabilité-là, c'est peut-être aussi le prix de votre liberté ?
C'est très juste. La liberté a un prix. Mais je voudrais dire aux jeunes filles d'aujourd'hui : « Vous n'avez pas à choisir entre votre métier et votre maternité. » On peut faire les deux. Ce n'est pas toujours facile, mais c'est possible et c'est précieux.

Vous avez vécu un simulacre d'exécution. Et à ce moment-là, vous pensez… à une liste de fournitures scolaires ?!
C'était quinze jours avant la rentrée. Mon fils entrait en sixième. J'étais face à un mur, les yeux bandés, et j'entendais des fusils qu'on armait derrière moi. D'abord j'ai pensé à mes enfants qui porteraient toute leur vie le poids d'une mère assassinée. Et puis je me suis dit : « Philippe ne saura jamais chercher une à une toutes les fournitures scolaires, trouver le bon agenda. » J'ai visualisé la liste entière. C'est fou, mais c'est ce à quoi j'ai pensé. Comme si, à ce moment-là, l'instinct maternel l'emportait sur tout.

Et ce réflexe, cette charge mentale, vous l'avez interrogée ?
Oui. Peut-être qu'on est formatées pour ça. Peut-être que la génération suivante saura lâcher. En tout cas, moi, ce jour-là, j'ai aussi pensé à ma mère. Je me suis dit : « Elle, au moins, saura s'occuper des enfants. » Elle a toujours été là, ma mère. Présente, aimante, bienveillante. Elle m'a laissée partir sans jamais me juger. Une seule fois, après cette scène, elle m'a interrogée : « Tu ne crois pas que ton capital chance est un peu entamé ? » Je lui ai répondu : « C'est ce que je sais faire. C'est ce que j'aime faire. » Et elle m'a dit : « Alors continue. »

Comment tout a commencé ? Vous vouliez être journaliste, vraiment ?
Le père de ma meilleure amie était journaliste, directeur d'un quotidien à Nantes et c'est ainsi que j'ai découvert ce métier. J'ai fait une licence de Langues étrangères appliquées, avec espagnol en première langue, dans cette ville. J'étais passionnée par l'Amérique latine et je suis partie deux fois plusieurs mois au Chili, où j'ai réussi à décrocher un entretien avec le général Pinochet qui était encore au pouvoir. J'avais vingt et un ans, je venais de rentrer à l'Institut pratique du journalisme à Paris. J'ai débarqué à la capitale sans connaître personne et j'ai adoré. Très vite, j'ai trouvé ma place. J'ai rencontré des gens formidables. Je me suis lancée.

Dans les rédactions, pour les jeunes journalistes femmes, c'était compliqué ?
Il a fallu s'imposer, être claire, dire « non ». Je l'ai fait, j'ai mis des stops nets. Ce n'est pas toujours simple, mais c'est ce que j'ai appris très vite : poser mes limites. Ça m'a servi sur le terrain et dans la vie. Et je comprends que ce ne soit pas facile pour tout le monde.

Sur les terrains de guerre, vous êtes la seule femme dans une équipe souvent très masculine. Ça change quelque chose ?
Je n'ai jamais été très *girly*. J'ai grandi entre deux frères. J'étais une gamine du genre « t'es pas cap ? » et j'étais toujours cap. Je me sens bien dans ces équipes d'hommes. Il y a moins de tensions, de jalousies. Et puis, sur le terrain, être une femme peut être un avantage. Dans les pays musulmans, par exemple, j'ai accès à des femmes qu'un homme n'approcherait jamais. Et paradoxalement, les talibans me répondent, même s'ils ne me regardent jamais dans les yeux. Je pose la question, mon interprète traduit, et ils répondent. Ils me voient, ils

m'entendent. Et souvent, les femmes, elles, m'ouvrent leur porte, elles enlèvent leur burqa, elles témoignent.

Qu'est-ce que vous lui trouvez, à la guerre ?
C'est une question que je me suis souvent posée. Parce que la guerre, on ne la quitte jamais vraiment, même en rentrant. Elle s'imprime dans les rêves, dans les silences, dans les cauchemars. Être reporter sur des terrains de guerre, c'est se condamner à de mauvais rêves. J'en suis convaincue. On ne peut pas voir ce que j'ai vu sans que cela laisse des traces. Et pourtant… la guerre est à la fois laide et bouleversante. Dans l'horreur, on voit aussi le courage, la résistance, la solidarité, la beauté des gestes humains. J'ai vu des gens comme vous et moi, prendre les armes, apprendre à déminer, s'exposer pour sauver d'autres vies. J'ai vu une youtubeuse se transformer en démineuse autour de Kiev. C'est fou. Mais c'est aussi ça, la guerre : l'humanité qui se bat pour survivre.

Et malgré l'horreur, vous continuez d'y retourner. Pourquoi ?
Parce que si nous, journalistes, on n'y va pas, qui va raconter ? J'ai besoin d'y être. C'est viscéral. Je veux être là où l'histoire s'écrit. Quand les chars russes ont pénétré en Ukraine, j'étais sur place. On m'a dit : « Ils foncent sur Kiev. » Et j'ai su que je devais rester. Je ne suis pas là seulement pour filmer, je suis là pour témoigner. Pour porter les voix de ceux qu'on n'entend jamais. Ce n'est pas un goût pour le danger, c'est un devoir, une mission. Tant pis pour les cauchemars.

Le Rwanda, ça a été le pire ?
Sans doute. J'étais très jeune, et je n'avais jamais vu un seul cadavre. Même pas celui de mon arrière-grand-mère. Et là, j'en ai vu des milliers. Coupés en morceaux, éventrés, dans des charniers. Des enfants, des femmes enceintes… Je me

souviens d'avoir pensé : *Accroche-toi.* Parce que si je ne tenais pas à ce moment-là, je ne tiendrais jamais. Ce que j'ai vu au Rwanda m'a marquée à vie. Mais c'est là aussi que j'ai compris pourquoi j'étais là : pour raconter, pour ne pas détourner les yeux, pour briser le silence.

Et quand vous rentrez, comment vous relevez-vous ?
À cette époque, au début des années 90, on ne nous propose rien : pas de psy, pas de *debrief.* Rien. Juste : « Alors, ça va ? » Et toi, tu es fracassée. J'ai tenu parce que ma mère était là. Elle a endossé un rôle : celui du soutien silencieux, du roc. C'est elle qui m'a permis de rester debout. C'est elle qui m'a écoutée, qui m'a portée, quand je revenais bouleversée par ce que j'avais vu. C'est aussi grâce à elle que je n'ai jamais lâché.

Vous avez aussi été sauvée par un légionnaire.
Oui. À Brazzaville. En 1997. Un combattant complètement drogué m'a pointé son arme sur le front. Il voulait me tuer. Et là, un légionnaire est sorti d'un blindé. Il lui a fait face arme à la main. Littéralement. Il m'a sauvée. Puis un autre m'a fait monter calmement dans leur véhicule blindé. Je n'avais plus de jambes. À l'abri, j'ai été prise d'un rire nerveux. Je réalisais que ces deux légionnaires venaient de me sauver la vie.

Et à ce moment-là, vous avez aussi pensé… à une pizza !
J'ai un peu honte, mais oui. Avant de partir, je faisais un régime. Poulet, courgettes à la vapeur. Je rêvais d'une grosse pizza. Et je me suis dit : « Non, sois raisonnable. » Et là, face à une mort probable, quand il a posé son arme sur mon front, j'ai pensé : « J'aurais dû la manger, cette fichue pizza. » Depuis, je ne me prive plus, avant un départ en mission !

Être une femme change-t-il vraiment quelque chose dans ces zones de guerre ?
J'en suis persuadée ! Dans l'accueil. Dans la manière dont on nous regarde. On est peu nombreuses. On incarne une forme de douceur dans un monde brutal. On est la sœur, la mère, la fille. Et souvent, on est acceptées, mieux accueillies et, parfois même, choisies. Parce que notre regard est différent.

Vous dites que le viol est une arme de guerre. Une haine des femmes. Comment l'expliquez-vous ?
Je ne l'explique pas, je le constate et je le dénonce. J'ai recueilli des témoignages terribles. Depuis la Bosnie, des femmes violées collectivement, des enfants, des grands-mères. Pour humilier et pour briser. Et cela se répète, encore, partout. C'est insupportable.

Avez-vous une bonne étoile ou est-ce votre ténacité qui vous protège ?
Peut-être les deux. Mais surtout la ténacité. Je ne lâche jamais, je vais au bout : je suis là pour raconter. Même quand j'ai peur. Même quand ça devient dangereux. Je ne lâche pas.

Vous avez des regrets ?
Un seul : ne pas être allée en Syrie. Mes enfants me l'ont interdit. Ils connaissaient Gilles Jacquier, ce journaliste et ami tué là-bas. Ils m'ont dit : « Maman, promets-nous que tu n'iras jamais en Syrie. » J'ai promis et je n'y suis jamais allée. Et je ne briserai pas cette promesse.

Et vous êtes toujours aussi heureuse de partir ?
Oui. Chaque départ est une joie. Une inquiétude aussi. Mais une joie. Parce qu'il y a encore des histoires à raconter, des gens à rencontrer et des vérités à exposer. Et parce que, même

au milieu de l'horreur, il y a des instants d'humanité pure. On rit, on pleure, on vit fort. Et ça, c'est une chance.

Quatre mots pour bien vivre sa vie ?
Passion. Empathie. Courage. Joie de vivre.

La présence de Dorothée m'évoque une autre grande journaliste. La réalisatrice Sabrina Van Tassel a livré un magnifique documentaire : *Missing from Fire Trail Road* (*Les Disparues*, en français). Elle y enquête là où l'Amérique ne regarde pas : les réserves indiennes, zones de non-droit, où la justice autochtone ne peut pas poursuivre les hommes blancs. Un système à la fois raciste et fondamentalement misogyne, où l'effacement des femmes semble programmé. Ces réserves sont donc devenues des refuges pour les violeurs, les trafiquants, les serial killers car, comme le disent plusieurs témoins : « Ici, les prédateurs savent qu'ils ne seront ni poursuivis ni punis. »

Quelques jours après avoir vu ce film bouleversant, je suis en montage d'un nouveau podcast qui s'appelle *La Prochaine sur la liste*. J'y rencontre des femmes qui ont échappé à la mort dans leur couple, celles qu'on appelait « les femmes battues », il y a quelque temps. Le terme déjà me donne la nausée : il y a les œufs cocotte, les ongles incarnés et les femmes battues. « Femme battue », c'est comme une appellation contrôlée. Un truc tellement normal qu'on lui a trouvé un petit nom. Ces femmes, qui racontent leur histoire, leur vie au bord d'un précipice, leur fuite, maintes fois reportée, leur crédulité, leur déni… L'une d'elles, Hauteclaire, m'a raconté qu'elle s'était fait massacrer pendant deux heures, tout juste rentrée de la maternité. Elle a fini par échapper à son bourreau, ses deux enfants sous le bras. En lui ouvrant la porte, sa mère, chez qui elle est partie se réfugier, fond en larmes ; Hauteclaire est tuméfiée de la tête aux pieds, méconnaissable. Hôpital direct. Le médecin qui la reçoit lui enjoint de porter plainte. Refus catégorique d'Hauteclaire. Le médecin lui prédit que, si elle ne le fait pas, il la retrouvera dix jours plus tard pour faire son autopsie. Alors elle porte plainte, pas pour elle, mais pour ses enfants. Quarante-trois jours d'ITT : commotion cérébrale, pratiquement tous les membres pétés. Le type prend six mois avec sursis. Hugo, le jeune monteur avec qui je travaille, est choqué. Il me dit : « Donc tu peux massacrer ta femme à mains nues, tu prends six mois avec sursis ?! Mais ça doit susciter des vocations, non ? Si je suis un gars un peu *vénère*, j'y vais franco. »

Cette mélodie tranquille de l'impunité est un crachat de l'institution, du pays, aux visages des femmes.

Caroline Vigneaux

Il faisait froid ce matin-là, elle est arrivée, blonde et si fine, enroulée dans une grande doudoune noire, comme un rouleau de printemps. Elle a la mâchoire carrée de celles qui ne lâchent pas et qui ont une énergie folle. Elle a changé de vie pour ne rien regretter. Elle est très engagée : son spectacle est féministe, sa fiction aussi. Je la regarde et je me dis qu'elle est bien jolie Madame cent mille volts. Aurais-je dit ça d'un homme ? Assurément !

Vous êtes née dans une famille bourgeoise de l'Ouest, catholique, plutôt discrète… Et vous, vous débordiez du cadre.
Je n'étais jamais à ma place. J'étais trop. Trop bruyante, trop vive, trop présente. J'ai grandi avec cette phrase dans les oreilles : « Arrête de faire ton intéressante. » J'ai essayé d'être timide, je vous jure ! Parce que les gens timides, tout le monde les trouve chics, profonds, respectables. Moi, j'étais cette enfant qui parlait tout le temps, qui faisait des blagues, qui levait la main en cours et qu'on ignorait. J'étais turbulente, probablement hyperactive, même si on ne posait pas ce genre de diagnostic à l'époque. J'ai été punie, souvent, beaucoup. Et pourtant, j'étais première de la classe. Ce n'était

pas une question de résultats, mais de comportement, de personnalité.

Et alors, pourquoi avocate?
Parce que j'ai fini par me dire : «Très bien, si je parle trop, autant faire un métier où on me paiera pour ça.» J'ai toujours aimé parler. L'église a été ma première scène. Je lisais les épîtres de saint Paul sans rien y comprendre, mais j'y mettais tout mon cœur. J'allongeais les phrases, je les chantais presque, pour que ça dure. J'adorais avoir un public.

Mais la comédie ne vous est pas venue immédiatement à l'esprit?
Non. Parce que l'«éducation» que j'ai reçue – et je pèse le mot – ne laissait pas de place à cette possibilité. Être comédienne, ce n'était pas un métier envisageable. On pouvait être médecin, avocat, ingénieur. Ma sœur a fait médecine, moi j'ai fait du droit. Il n'y avait pas de mystère. Ce n'est pas qu'on m'a interdit de rêver à autre chose, c'est que cette autre chose ne m'est même pas venue à l'idée.

Vous dites qu'on vous a «éduquée», pas «élevée»…
Oui. Éduquer, ça veut dire «dresser», former selon un modèle. J'aurais préféré qu'on m'aide à grandir, qu'on me laisse devenir qui j'étais. Mais bon, je ne leur en veux pas. Mes parents ont fait ce qu'ils pouvaient avec ce qu'ils avaient reçu. Et moi, j'essaie de faire autrement avec mes enfants. Même si parfois je me surprends à sortir une phrase du genre : «Ici, ce n'est pas Versailles!» Et là, je me dis : «Oh non, maman, sors de ce corps!» Ces phrases, elles se transmettent depuis des siècles. Il y a sûrement un Jean-Jacques, il y a trois cents ans, qui les a sorties en rigolant. Et paf, elles nous sont arrivées.

Vous êtes devenue avocate, et pas n'importe laquelle : brillante, pénaliste, commise d'office aux assises…
Oui. J'ai commencé en droit des affaires, puis j'ai passé le concours d'éloquence du barreau. Et je me suis retrouvée, du jour au lendemain, à défendre des criminels. Des vrais. Pas des fraudeurs, mais des gens qui avaient tué, violé, fracassé des vies. C'était brutal, impressionnant, et en même temps… fascinant. Rien ne vous prépare à entendre quelqu'un vous dire : « J'ai tué. » On vous dit : « Voilà votre client », et vous vous retrouvez face à l'irréparable. Il faut être là, écouter, défendre. Et c'est là que mon engagement féministe s'est renforcé.

Pourquoi ?
Parce que j'ai vu des femmes abîmées, détruites. J'ai vu des victimes qu'on soupçonnait plus qu'on ne les croyait. J'ai vu le sexisme de la justice, de la société, des collègues parfois. Et j'ai compris que ce n'étaient pas des cas isolés. C'était une vague. On était avant #MeToo, et parler de ça vous faisait passer pour une hystérique. Pas une féministe, non, une hystérique. Quand j'étais invitée à un dîner, les gens disaient dans mon dos : « Ah non, ne parle pas de ça, Vigneaux est à table, elle va nous saouler avec son militantisme. » J'étais celle qui prenait la tête. C'était lourd mais je continuais.

Et vous découvrez l'injustice jusque dans votre propre cabinet.
Oui. Je me suis rendu compte qu'on me payait neuf cents euros de moins que mes collègues hommes, avec le même diplôme, le même niveau de barreau. J'ai fait le calcul : neuf cents euros par mois, c'est le prix d'un pénis, apparemment. Je trouvais ça un peu cher pour entretenir ce petit machin. Et ce genre d'inégalité, quand vous l'avez sous les yeux, vous ne pouvez plus les fermer.

Avez-vous subi les fantasmes, les ragots ?
Bien sûr. J'étais jolie, jeune, drôle, et j'ai été la seule femme embauchée sur dix-sept stagiaires. Il n'a pas fallu longtemps pour que la rumeur dise que j'avais couché avec les trente-deux associés. Trente-deux. C'est quand même du boulot, non ? J'aurais mérité une médaille. Mais non, j'ai juste bossé, j'étais la première arrivée, la dernière partie. J'ai travaillé avec tous les associés pour que personne ne puisse dire : « Je ne la connais pas. » Et pourtant, c'est cette version-là qui a circulé. Y compris chez les femmes. C'est ça qui m'a le plus blessée. L'absence de sororité. Les moqueries. Les « oh ça va, on rigole ». Mais moi, ça ne me faisait pas rire.

Et puis un jour, vous dites « stop ». Pourquoi ?
Deux déclics. Le premier, c'est la mort de mon grand-père. Je lui tenais la main, on attendait la fin. Et je me suis dit : « Qu'est-ce qu'on se dit à ce moment-là ? Est-ce qu'on se dit : "J'ai eu la vie que je voulais" ? Ou est-ce qu'on regrette tout ce qu'on n'a pas osé ? » Et moi, j'ai pensé : « Si je meurs demain, je ne veux pas me dire que j'ai raté ma vie. Je veux pouvoir partir en paix. »

Et le deuxième ?
Un four, un vrai ! Je monte sur scène dans un Zénith avec des copains avocats pour un concours d'éloquence. Quatre mille personnes. Et pas un rire pendant quatre minutes. Silence glacial. Les autres veulent fuir. Moi, je suis… euphorique. J'ai honte, mais je suis heureuse. J'ai senti que c'était ma place. Et quand un ami m'a dit : « Vas-y, fais-le », cette phrase a tourné dans ma tête jusqu'à ce que je démissionne.

Vous étiez sûre de vous ?
Oui. Aucune hésitation. Et je le dis à tous ceux qui veulent changer de vie : ne partez que si vous êtes absolument convaincus.

Ne prévoyez pas de plan B. Un plan B, c'est déjà renoncer à 10 % de votre énergie. Et le jour où vous voulez l'activer, il est obsolète parce que vous avez changé, que la vie vous a changé.

Et vous êtes montée sur scène, avec un objectif en tête…
L'Olympia. Je le disais alors que je jouais dans des salles de quarante places vides. Les gens riaient. Moi, j'y croyais. J'ai mis six ans, mais je l'ai fait. Et je continue à avancer par objectifs, un à la fois.

Vous êtes aussi très engagée pour les femmes, dans vos spectacles, vos chroniques, vos interventions.
Oui. Parce que je vis dans une grande ville. Parce que mes copines et moi, on a été agressées. Parce que la rue n'est pas un endroit sûr pour les femmes. Et parce que j'ai envie de faire passer des messages, mais sans hurler. Je crois qu'on ne peut pas changer le monde avec la colère seule. Il faut de l'humour, de la pédagogie et de la ténacité.

Les obstacles sont-ils souvent psychologiques ?
Oui. Mais aussi très concrets : l'argent, les crédits, les enfants, le confort. On est prisonniers de nos vies installées. Mais on peut en sortir, il faut respirer, planifier, et se lancer. Je veux être la voix qui dit : « C'est possible. »

Quatre mots pour réussir sa vie ?
Courage. Audace. Paix. Et amour. Je le mets en dernier, mais c'est le plus important. C'est ce qui rend tout le reste supportable. Ou merveilleux.

Je pense à celles qui avancent, comme Caroline. Et à celles qui, au contraire, ne nous ont peut-être pas forcément simplifié la tâche.

Par exemple, sainte Simone de Beauvoir. Qui a donc écrit : « On ne naît pas femme, on le devient » (au lieu d'écrire : « On ne naît pas homme violent, on le devient »). La fatigue. Non. On naît femme. Et il n'y a rien d'autre à dire que ça. Certains fins lettrés ont tenté d'expliquer le hit de Beauvoir : « Non, mais ce n'est pas exactement ce qu'elle a voulu dire, il faut l'entendre comme ceci et comprendre cela, elle répond à Érasme et *gnagnagna.* »

Pendant des décennies, cette phrase, récitée comme un truisme, gravée sur les murs, presque sanctifiée, nous a porté un lourd préjudice. Mieux, elle nous a pourri la vie. Elle a fait diversion, cette formule. Une sorte de mantra philosophico-féministe censé libérer les femmes en expliquant que la féminité n'est pas naturelle mais construite et aliénante. Quelle arrogance tranquille et, pour tout dire, quelle connerie.

On naît femme, biologiquement, physiologiquement, violemment parfois. On naît d'un corps qui saigne avec un corps qui saigne, qui enfante, qu'on observe, qu'on contrôle, qu'on commente. On naît avec des ovaires, des seins, un utérus (enfin, dans la plupart des cas, parce que certaines femmes naissent avec un chromosome XY). On naît avec un risque statistique supérieur d'être violée, frappée, sous-payée. On naît exposée.

À vos treize ou quatorze ans, quelqu'un vous dira : « Dis donc, ça pousse » (et vous aurez envie de vous jeter par la fenêtre) ; à vos seize ans : « Mais tu n'as pas un peu grossi ? » (et vous aurez encore envie de vous jeter par la fenêtre) ; à vos trente ans, vous aurez droit à : « Mais tu n'as pas d'enfant ? » (et vous aurez toujours envie de vous jeter par la fenêtre).

Le propos de Beauvoir, prétendument libérateur, est en réalité d'une abstraction cruelle. Il flotte au-dessus de nos corps et théorise là où il faudrait écouter. Être femme, ce n'est pas une construction culturelle ou sociale raffinée. C'est une expérience concrète, physique, politique. Et parfois, une guerre.

Ce qu'elle a fait de bien, sainte Simone, c'est d'écrire sur la vie des femmes : leurs contraintes, leurs frustrations, leur ennui, leur colère. Et par conséquent, elle a préparé le terrain pour #MeToo. Comme Ménie Grégoire, sur RTL, dont les émissions ont provoqué un raz-de-marée de témoignages, des milliers de lettres, de voix jusque-là inaudibles. La parole des femmes a la plasticité de l'eau : elle s'infiltre, lentement, partout ; trouve les failles, les interstices, les recoins. Elle attend son heure puis elle monte, elle déborde, elle renverse. Est-il possible qu'un jour l'océan de ces mots vienne à bout des plus puissants barrages ?

Camille Étienne

Il y a Manon des sources et Camille des torrents, toutes deux belles, blondes, bondissantes. Camille Étienne est activiste pour le climat, volubile, éloquente. Elle a une capacité d'étonnement, une force de conviction et un charisme fou. Et on sent bien que cette jeune femme-là aura un grand destin.

Qu'est-ce que c'est, pour vous, être tenace ?
C'est ma mère qui me vient à l'esprit. Elle incarne cette forme de ténacité montagnarde qui ne se dit pas mais se vit. En Finlande, j'ai découvert le mot «*sisu*», qui signifie cette force tranquille d'aller chercher l'inconfort pour en faire quelque chose. Ma mère, c'était ça : couper du bois dans le froid pour pouvoir se réchauffer ensuite. Ce n'est pas de l'héroïsme, c'est une manière d'habiter le monde. La vie y est rude, les hivers sont longs, il faut s'organiser. Et pourtant, on y reste. Peut-être parce que ce qu'on appelle le «confort», c'est précisément le soulagement de l'inconfort. Si tout était tiède, est-ce que ce serait aussi savoureux ?

Votre enfance, c'est la nature. Vos grands-parents étaient agriculteurs. Pouvez-vous me décrire cet endroit de montagne, à Peisey-Nancroix ?
J'ai grandi dans la ferme de mes arrière-grands-parents, en Savoie. Une maison sans eau courante, sans électricité, perchée dans les alpages. L'hiver, il fallait y accéder en quad ou à pied, parfois même en luge. L'été, on faisait sécher le foin, on vivait dehors. Ma mère a mis dix ans à retaper la maison. On dépendait du jardin, du bois, de la météo. C'était un mode de vie contraignant, mais aussi une école d'humilité : la nature ne se négocie pas, elle décide. Et nous, on suit ! C'est bien plus tard, en découvrant le monde extérieur, que j'ai compris à quel point ce lien était précieux – et menacé.

Il est trop tard pour transmettre cela à nos enfants, non ?
Jamais trop tard. Moi, la mer m'effrayait. J'étais incapable de nager là où je ne voyais pas mes pieds. Et puis, à vingt-trois ans, j'ai traversé l'Atlantique en voilier pour aller en Islande. J'ai découvert un monde immense, bouleversant. Ce qui me semblait noir et sourd est devenu un espace de liberté. Il ne faut pas être né quelque part pour aimer un lieu. Une nuit à la belle étoile, un bivouac à une heure de Paris, et quelque chose peut s'ouvrir. C'est l'émotion qui crée l'appartenance, pas l'inverse.

Vous étiez à l'internat. Votre mère restait seule ?
Oui. Mes parents étaient séparés. J'ai été élevée par des femmes, ma mère, ma grand-mère. Des femmes dures et tendres, qui travaillaient, qui tenaient tête au monde. Ma grand-mère, postière à vélo. Ma mère, sportive de haut niveau, en escalade et snowboard. Ce n'était pas théorique, mais viscéral : on vivait avec la nature, pas à côté. On la

respectait parce qu'elle imposait son rythme. Et c'est cette humilité-là qui m'a formée.

Vous aussi, vous avez été une grande sportive ?
Je ne sais pas si j'étais douée, mais j'étais obsessionnelle. Le ski de fond, puis le biathlon ont structuré mon adolescence. Les entraînements, les classes aménagées, les compétitions… J'ai failli passer mon bac en quatre ans. Et puis une mononucléose m'a arrêtée net. J'ai choisi les études. Le sport, ça m'a donné un socle de rigueur, d'abnégation : quand tout votre quotidien est rythmé par l'effort, ça reste.

Et vous atterrissez à Sciences Po. Vous parlez du mépris du VIIe arrondissement pour vos montagnes. Et vice versa. Ce mépris vous a-t-il façonnée ?
C'est moins du mépris que de l'incompréhension mutuelle. Quand on est un transfuge de classe, on arrive dans un monde dont on ne connaît pas les codes. On veut bien faire, mais on ne sait pas comment. J'ai même demandé à ma mère de vérifier qu'ils ne s'étaient pas trompés de Camille Étienne à l'inscription ! J'étais à la fois la montagnarde à Paris et la Parisienne en Savoie. Une étrangère partout. Mais ce double regard, avec le temps, devient une richesse. Je peux défendre les miens avec les mots appris là-bas. Sans jamais oublier d'où je viens.

C'est important, vous croyez, d'avoir été élevée par des femmes ?
Ça change tout. Elles étaient puissantes, mais pas dans la domination. Pas dans le désir de faire comme les hommes. Elles n'ont jamais attendu l'autorisation d'agir. Elles ont élevé leurs enfants, réparé des toitures, décidé de travailler, de s'habiller autrement. Rebelles, mais enracinées. Et comme j'ai grandi dans un endroit isolé, j'ai été longtemps préservée du

sexisme. Ce n'est que plus tard que j'ai compris que certaines choses qu'on me reprochait n'étaient pas anodines. Mais moi, je ne comprenais pas pourquoi je devrais me taire. Pourquoi eux auraient le droit d'interrompre, et pas moi?

Êtes-vous fière de ce que vous faites? Vos parents le sont-ils?
Je ne suis pas fière, non. Et c'est bien ainsi : le doute est une hygiène de l'esprit. Il m'empêche de me reposer. Mes seules fiertés sont collectives. Celles où on agit en cordée, comme en montagne : si l'un tombe, l'autre le retient. Mes parents? Ils sont pudiques. Mon père ne regarde pas la télé, ma mère m'encourage entre deux semis. Ça me protège. Chez moi, on parle peu de moi et c'est une chance.

Quelle est votre plus grande victoire?
Celle contre l'exploitation minière des fonds marins. J'ai refusé d'être une jeune éditorialiste bonne à commenter tout et n'importe quoi. J'ai choisi de me consacrer à ce sujet, d'en faire une obsession. Et on y est arrivé. La France a interdit l'exploitation des fonds marins. C'est pour ça que je fais ce que je fais : pour créer des rapports de force utiles.

Pourquoi cette cause-là plus qu'une autre?
Parce qu'elle englobe toutes les autres. La justice climatique est aussi sociale. J'aurais pu me consacrer aux prisons. J'y ai passé des heures, en observation. Ce qu'on appelle « délinquance juvénile », c'est souvent le fruit de violences subies. On enferme des jeunes qu'on a déjà abandonnés. Cette chaîne-là me bouleverse encore. Mais aujourd'hui, l'urgence climatique emporte tout. Alors je m'y consacre, radicalement. C'est-à-dire : à la racine.

On vous compare souvent à Greta Thunberg. Ça vous touche ?
Je la respecte profondément. C'est une personne entière, habitée. On ne devient pas activiste pour le plaisir. C'est une nécessité. On agit parce qu'on ne peut pas faire autrement. Et contrairement à ce qu'on croit, ce n'est pas triste. Autour de moi, les activistes sont les personnes les plus joyeuses que je connaisse. Parce qu'elles vivent en accord avec leurs valeurs. Elles regardent le monde en face.

Vous dites que l'impuissance est une obéissance ?
Oui. Et que la désobéissance peut être un acte de salut. Elle n'est pas toujours spectaculaire. Parfois, c'est juste un refus, un silence, un pas de côté. On arrête de participer à une comédie qui nous détruit et c'est déjà immense.

Si on vous proposait d'être ministre, vous accepteriez ? Peut-on vraiment changer de l'intérieur ?
C'est plus facile de rester pur à l'extérieur. D'être dans le contre-pouvoir. Mais je ne veux pas me contenter de ça. J'ai des discussions avec des ministres, je vais à l'ONU. Je crois à cette porosité. Mais le danger, c'est de se laisser absorber. J'admire les jeunes qui s'engagent en politique. Mais moi, je ne suis pas prête. Je crois au temps long. Et je veux d'abord comprendre le monde avant de prétendre le gouverner.

À quel moment la ténacité devient-elle de l'entêtement stérile ?
Quand elle cesse d'écouter. Pour moi, l'écoute est une discipline. Je me souviens d'un voyage en Bretagne : j'étais partie seule, un peu sur un coup de tête, et je me suis retrouvée à fêter l'anniversaire d'un éleveur de cochons. Il m'avait prise en stop le matin même. Il y avait ses parents, lui et moi. On n'était d'accord sur presque rien – élevage industriel, algues vertes, modèle agricole – mais on a beaucoup parlé. Depuis,

il m'envoie des textos à chaque naissance dans la famille, il m'écrit quand il me voit à la télé. On est restés en lien. Ce genre de rencontre me rappelle que la complexité est précieuse, qu'il faut aller vers l'altérité, la vraie. Pourtant, je combats son modèle agricole, mais ce n'est pas lui le problème. C'est un système. Le combat, c'est Bruxelles, pas Roger. J'apprends beaucoup, je change aussi : mon activisme n'est plus le même qu'à vingt ans.

Votre livre n'a pas de dédicace. Pourquoi ?
Par pudeur. Et par peur. Chez moi, on ne parle pas de ses failles, on veut rester dignes. Écrire, c'était exposer une vulnérabilité, dire que ça ne va pas. Que les montagnes s'effondrent, et qu'un peu de nous s'effondre avec elles.

Vous n'avez pas peur ?
Si, tout le temps. Mais la peur, c'est un moteur. Ce qui est dangereux, c'est de la taire. Si on osait l'exprimer collectivement, peut-être que les décisions suivraient, on aurait des réponses à la hauteur de l'enjeu. La peur peut être saine, elle peut nous sauver.

Pour moi, ce livre, vous l'aviez écrit pour votre grand-mère. Mais comme vous avez laissé la page de dédicace blanche, moi, je l'ai signé pour ma fille.
C'est exactement ce que je voulais. J'espère avoir des enfants. Pas par injonction, mais par désir. Et si j'ai peur du monde dans lequel ils vivront, je veux travailler à ce qu'il soit habitable. Avoir un enfant, c'est faire un pacte avec l'avenir. Et aujourd'hui, tout dans notre société fuit ce temps long. On accélère les musiques sur TikTok, on ne visite plus nos aînés, on craint le futur. Or, avoir un enfant, c'est affirmer qu'il y a encore un demain possible.

Donnez-moi quatre mots pour bien vivre sa vie.
Liberté. Dignité. Amour. Et peut-être… créativité. Ou écoute. Les deux, en fait. Parce qu'écouter, c'est déjà commencer à créer.

Camille Étienne a grandi entourée de femmes qui ne demandaient pas la permission. Des femmes entières, engagées. Elle leur doit sans doute sa force douce, sa voix claire, sa radicalité calme. En l'écoutant, je voudrais rendre ici hommage à celles qui m'ont précédée, fortes et belles femmes de mon entourage qui n'ont, pour la plupart, jamais réussi à devenir qui elles étaient.

Ma grand-mère Magdeleine, éperdue de musique. Premier Prix du conservatoire de Lyon, de harpe et de piano, premier accessit de violon alto, bête de solfège et d'harmonie, jeune concertiste. Elle aimait Claude Debussy. Poum, mariée, elle quitte la grande et moelleuse bourgeoisie lyonnaise. Devient femme de dissident en Tunisie. Apprend à *tenir une maison* et à *cuisiner*. Trois enfants. Trois enfants et plus rien dans les doigts. Avec ma sœur Marion, nous allions passer chez elle les mardis et mercredis ; le train à Montparnasse, la gare de Meudon-Bellevue, l'odeur fraîche de la banlieue, le léger frimas, les arbres, la traversée du parc et nous, les oreilles collées à la porte d'entrée : on espérait l'entendre jouer, c'était tellement rare. Elle avait abdiqué et ce renoncement avait sans doute en partie façonné sa façon d'être au monde : migraines homériques et puis elle pouvait être dure, voire injuste, sans doute à cause de sa frustration. Je l'ai pourtant adorée.

Yvette, autre magnifique musicienne, est arrivée à Paris de son île des Antilles à l'âge de sept ans, directement chez les bonnes sœurs et au Conservatoire. Le pensionnat jusque très tard et personne pour lui expliquer la vie. La définition de l'oie blanche et pour cause. Se marie à dix-sept ans, et ne comprend pas ce que veut le type, le soir de sa nuit de noces : « Mais c'est un fou ! un enragé ! » Elle se jette par la fenêtre pour lui échapper. Bilan : sept polichinelles dans le tiroir et le stradivarius dans l'étui. Contrairement à Magdeleine, elle n'avait pas perdu sa joie de vivre inaltérable et magnifique, qui réchauffait les cœurs.

Odette, confiée par ses parents à une tante très fortunée en mal d'enfant. Elle dormait au pied de Madame, dans un lit soyeux encombré de bichons maltais. Rêvait d'être juge pour enfants, mais, à l'orée du bac, Madame a eu des vapeurs, il a fallu l'emmener en cure. Odette ne passerait jamais le bac. Quatre enfants. Et une vie de renoncement.

Françoise, née en Chine, dans une famille nantie comptant quatorze enfants, chacun sa nurse et son précepteur britannique. Jeunesse dorée, au pied de la muraille. Quand la révolution arrive, son père prend la décision d'envoyer ses enfants par lot, aux États-Unis ou en Europe. Françoise y sera cueillie par la guerre. Elle rencontre mon grand-père, résistant, dans une boulangerie (naissance d'un mythe familial). Sept enfants. Elle ne savait rien faire, mais elle était la joie. Elle a vite appris et c'est probablement la seule, avec Yvette, qui fut sincèrement heureuse de son sort.

Quand j'étais petite j'entendais, sur le plateau de L'École des fans : « Et ta maman, que fait-elle ? », réponse invariable : « Elle ne travaille pas. » Ça me rendait dingue à l'époque et toujours maintenant, parce qu'en fait, gérer une maison, c'était devenir patronne de TPE/PME : il fallait être à la fois secrétaire générale, médecin, avocate, intendante, RH, décoratrice, professeure, gérer le CE, cuisinière, comptable… bref, travailler vraiment beaucoup mais sans rétribution, c'est mieux.

Ce qui importe, c'est d'avoir le choix : de faire des enfants, si on veut ; de ne pas en faire, si on ne veut pas ; de travailler à la maison ou dehors… Moi, je l'ai, ce choix : je suis une geisha féministe.

LES ALIGNÉES

Elles ne cherchent plus leur place : elles l'ont trouvée. Dans leur métier, dans leur art, dans leur quotidien. Qu'elles aient changé de voie ou sublimé leur vocation, ces femmes sont aujourd'hui en accord avec elles-mêmes. Elles ne revendiquent rien, elles rayonnent. Elles incarnent ce moment rare où la vie et l'élan intérieur ne font plus qu'un.

Olivia Ruiz ouvre le bal. Elle chante, écrit, interprète, crée – elle a fait de sa singularité une boussole. Maï-Linh Camus, elle, a quitté l'univers feutré du renseignement pour continuer, autrement, à écouter les silences du monde : aujourd'hui experte pour les entreprises, elle cultive encore le lien subtil avec les secrets. Alice Modolo plonge en apnée comme on revient à soi, dentiste devenue athlète de l'extrême. Puis surgissent celles qui créent avec les mains. Nina Métayer modèle le goût, le beau, l'éphémère. Anne-Sophie Pic, cheffe au sommet, incarne l'excellence humble, la précision sensible. Et Clarisse Nigrelli, notaire devenue plombière.

Elles referment cette galerie de femmes avec la grâce d'un geste simple : rétablir les circulations, réparer ce qui ne se voit pas mais qui fait tenir le monde. Parfois anonymes, lumineuses, elles incarnent cette force tranquille qui nous rappelle qu'être à sa place n'est pas une question de reconnaissance, mais de justesse.

Olivia Ruiz

Il y a ceux qui sont venus se réfugier à la fin de la guerre d'Espagne. Ils ont franchi les Pyrénées à pied, tenté de se faire une place sous ce nouveau soleil de France. Olivia Ruiz est leur petite-fille. Elle a pris leur histoire et elle est devenue écrivaine. Elle est arrivée ce jour-là, gracieuse, avec sa jolie tête brune, l'œil noir et la voix de rocaille. Et avec, sur son dos, le sac de foot de son fils : il y avait entraînement ce soir-là. Des Pyrénées au PSG, décidément, l'histoire, c'était toujours *leurs enfants après eux...*

C'est quoi être tenace ?
Ne rien lâcher. C'est avoir une idée dans la tête et ne pas l'avoir ailleurs, comme disait ma grand-mère à mon sujet. C'est avoir un objectif et ne pas le perdre de vue jusqu'à ce qu'il soit atteint. Je fais malheureusement partie de ces gens qui croient qu'ils peuvent contrôler leur vie et qui la regardent s'échapper et n'en faire qu'à sa tête avec impuissance. Dans mon cas c'est une chance, car la vie m'a offert de magnifiques surprises, de celles dont on n'ose même pas rêver.

On a l'impression que vous la contrôlez bien, votre vie. Vous arrivez à lâcher prise ?
J'y travaille ! J'y travaille depuis le jour où je suis née, je crois. Tantôt j'y parviens, tantôt pas le moins du monde. Mais l'âge aidant je choisis mieux mes combats. L'arrivée de mon petit garçon a également imposé un rythme, une constance, un équilibre, à l'écorchée vive que j'étais avant sa naissance.

Votre enfance en Occitanie ?
La petite place d'un village de l'Aude : Marseillette. 700 habitants, plutôt poings levés, la plupart issus de l'immigration espagnole, mais aussi arabe, italienne et portugaise. Le café-hôtel-bar-restaurant-tabac-presse que tenait ma famille, et dans lequel j'ai grandi. Centre névralgique du bourg, avec derrière le comptoir ma maman, mon père en salle, ma grand-mère en cuisine, mon grand-père au tiercé, et mes oncles, les plus jeunes frères de ma maman, en train d'aider un peu à tout et à rien. Beaucoup de mouvement, voire d'agitation, une ambiance plutôt bordélique, mais très chaleureuse, très rassurante. Pour moi, une forme de solitude propice à la rêverie et à l'imaginaire et ce doux sentiment de voir dans les personnages atypiques qui peuplaient les lieux autant de branches auxquelles me raccrocher en cas de besoin.

Votre grand-mère cuisinait ?
Elle avait ses spécialités au café, très appréciées. Des choses que je ne mangeais pas. Comme la langue de bœuf en sauce, une recette avec des cornichons… très peu pour moi ! Mais je sais que les routiers s'arrêtaient déjeuner en fonction de la recette de ma grand-mère au menu du jour. En travaillant ces plats traditionnels, elle cherchait à être plus française que les Français.

Vous aviez ce profond plaisir de faire rire vos parents, c'était important pour vous ?
Mes parents étaient un peu enfermés dans une vie qui n'était que travail. Moi, j'avais ce petit moment à table avec eux où je savais que j'allais pouvoir les faire marrer. C'était mon premier public. J'aimais sentir cette légèreté arriver, voir leurs corps se détendre, entendre les rires fuser. J'improvisais des paroles de chansons sur la base d'inscriptions en espagnol sur un vieux carton, je faisais des imitations de Valérie Lemercier…

Vous leur avez dit tout de suite que vous vouliez être chanteuse ou comédienne ?
Il n'y avait même pas besoin de le formuler. Dès que j'ouvrais les yeux, je me mettais à chanter et danser. Mon petit frère hurlait à côté : « Mais arrête ! Mamaaan ! Je ne supporte pas sa voix, et Olivia est tout le temps en train de chanter ! » Pour moi c'était instinctif. Et seulement lié au plaisir de l'instant. Avec déjà quelque part la notion d'exutoire. Mais je ne fantasmais ni la célébrité ni même la professionnalisation à ce moment-là. Je ne me projetais pas. J'entendais parler mon père, musicien et chanteur de profession, des soucis de l'intermittence, de cette instabilité parfois usante, des galères d'argent… Je savais à quoi je m'exposerais si je décidais d'en faire mon métier.

Finalement, c'est la vie qui vous a prise et qui vous a embarquée ?
Oui… Et mon besoin de liberté m'a guidée. Au départ, je me destinais plutôt à la mise en scène. J'ai intégré une troupe de théâtre très jeune, dans laquelle je suis restée quatre ans, puis j'ai fait un bac littéraire, option art dramatique. Et étrangement, mes parents trouvaient le monde du théâtre plus

rassurant que celui de la musique. C'était surtout un milieu dont ils connaissaient moins les difficultés.

Et puis, il y a eu ce moment de bascule : un bout de papier dans un fast-food ?
Oui… c'est ma mère qui le trouve. Je viens de terminer ma deuxième année d'études en communication management. « Regarde, une école de chant et de danse gratuite qui est lancée sur TF1 ! » Je rigole : « Non mais non. Ça va être comme *Loft Story*, c'est bon, je ne vais pas faire ça. » Elle insiste : « Ils disent bien que ce ne sera pas de la télé-poubelle, que c'est autre chose, un vrai apprentissage. » Je lui réponds : « Ok, inscris-moi. Ça ne mange pas de pain. » Je venais de terminer ma saison d'été en qualité de chanteuse de bal, mes études reprenaient en janvier, et l'émission démarrait en octobre pour une durée de trois mois… Pourquoi pas ?

Un bon souvenir, cette aventure ?
Je suis partagée. Mauvais souvenir, parce que j'ai très vite compris que nous n'étions que les pions d'un échiquier un peu trop grand pour nous. Bon souvenir, parce que j'y ai fait de belles rencontres. Des artistes, des professeurs et des élèves, avec qui les liens sont restés très forts.

Un puis il y a eu le succès immense de J'traîne des pieds *? Cette chanson, c'est une chanson monde. Elle est familière à tous.*
Selon moi, quand quelqu'un va chercher dans son intimité, il touche souvent à ce qu'il y a de plus universel. Je m'interroge souvent en écrivant : « Est-ce que ce que je suis en train de poser résonnera dans une autre caboche aussi fort que dans la mienne ? » Que je m'adresse à un auditeur ou à un lecteur, mon objectif est toujours le même, faire que celui qui m'écoute ou

me lit se sente moins seul, l'amener à déconnecter du poids du quotidien, le temps d'un petit voyage, d'une respiration.

Et alors, écrire… Quelle drôle d'idée tout à coup ! Qu'est-ce qui vous a pris ?
Mon ami Mathias Malzieu me dit depuis toujours : « Tu es une romancière qui s'ignore. » Et puis, il y a quelques années, alors que je traversais un moment difficile, il s'en est saisi : « C'est maintenant qu'il faut que tu écrives. C'est le moment pour ton roman. Sers-toi de tout ça. » Il a monté une sorte de guet-apens avec son agente littéraire pour que je me mette au travail, et mon premier roman est né. Les héroïnes de ma vie sont des battantes mais pas forcément des guerrières. Elles ont plus subi qu'elles n'ont joui de leur liberté. Alors, en faire des femmes telles que celles de mes livres, c'est ma petite vengeance pour elles. Mes livres sont un hommage aux femmes de ma vie mais aussi à celles qui m'ont manqué.

C'est-à-dire ?
Celles qui parlent. Celles qui partagent. Celles qui se confient. Celles qui s'émancipent. Celles qui se rebellent. Celles qui s'ouvrent. Celles qui transmettent. Il y a une grande culture du secret, chez moi. Une pudeur épuisante pour quelqu'un comme moi qui aime mettre les pieds dans le plat : tout savoir, tout comprendre, tout bousculer. Souvent les miens trouvent mon besoin de changer les choses établies très pénible. Mais parfois ils trouvent ça bien, comme quand je suis parvenue à démocratiser le (si tabou) « je t'aime » dans ma famille. Mes parents, eux, avaient le mot d'amour facile. Mais pas mes grands-parents, mes oncles, mes tantes…

Vous avez provoqué de grandes situations de gêne, du coup.
Oui… Un de mes grands-pères était entre la vie et la mort lorsque j'ai ressenti cet état d'urgence, toujours très présent d'ailleurs, de dire les choses cruciales tant qu'il est temps. Alors j'ai appelé mes autres grands-parents. « Je vous appelle pour savoir comment vous allez. » (…) Et juste avant de raccrocher : « Surtout, je voudrais que vous sachiez et que vous entendiez bien que je vous aime. Très très fort. » La réponse, à la hauteur de leur pudeur, fut murmurée : « Ah ? Mais nous aussi, tu sais, on t'aime bien. » C'était tellement mignon. C'était tellement eux. Je fais partie de ces gens qui ont conscience que nous ne sommes que brièvement de passage. Cela ôte un peu de légèreté, peut s'avérer pesant, mais me semble utile aussi, pour ne pas passer à côté de l'essentiel.

Le lien familial est très présent dans votre écriture, mais vos amitiés sont-elles tout aussi fortes ?
Oui, bien sûr. Avec ma famille nous nous aimons beaucoup mieux quand nous ne partageons pas le quotidien, quand les kilomètres nous séparent et que le manque nous rassemble. Avec mes amis, c'est différent. Mes amies sont les sœurs que je n'ai pas eues. Nous nous sommes choisies, nous connaissons sur le bout des doigts, et osons parler de tout sans tabou ni jugement. Il y a une liberté qui m'est précieuse dans ces échanges, une absence de filtre réciproque qui nous rend toutes à la fois plus légères et plus puissantes quand nous sommes réunies.

Pourquoi dites-vous que les femmes sont les gardiennes du courage ?
Parce qu'il est plus dur de naître femme sur cette planète, aujourd'hui encore, et depuis la nuit des temps. C'est une

réalité qui évolue, mais lentement. Nous pouvons être fières du chemin parcouru par nos mères et nos grands-mères, mais il suffit de regarder autour de nous pour voir tout ce qui reste à faire. #MeToo a mis en lumière beaucoup de choses, y compris des résistances effrayantes. Certains refusent encore de voir la réalité en face, même parmi les premiers concernés.

C'est pour ça que vos héroïnes sont des femmes ?
Je suis clairement plus inspirée par les femmes. Elles me fascinent, forcent mon respect.

Vous parlez souvent du syndrome de l'imposteur. Vous dites que c'est lié à vos origines, mais est-ce que ce n'est pas aussi lié au fait d'être une femme ?
Peut-être bien. Les femmes se posent plus de questions, c'est certain. Elles intellectualisent tout, elles doutent. Je dis souvent qu'on est les reines de la gamberge. Les hommes, eux, semblent compartimenter plus facilement, ce qui les protège. Nous, on pense trop, on ressent trop, mais ça fait aussi de nous des êtres plus courageux, plus généreux. Alors oui, peut-être que ce sentiment d'imposture vient du fait d'être une femme. Ou peut-être que c'est un mélange de tout : mes origines, le fait d'être d'un petit village du Sud, d'avoir grandi dans une famille où la culture n'était pas centrale… sauf la musique.

Vous l'avez senti, ce décalage ?
Tous les jours. Et il y a toujours une petite moquerie. À Paris, dès que j'ouvre la bouche, quelqu'un reprend mon accent en rigolant. « C'est plein de soleil, c'est mignon ! » On me dit ça pour que je ne le prenne pas mal. Et je ne le prends pas mal d'ailleurs, mais je le remarque.

Ça en dit long, selon vous ?
Oui, ça en dit long sur l'étroitesse d'esprit. Sur le fait qu'on devrait intégrer le voyage dans les programmes scolaires. Peu importe ce que ça coûte aux parents ou au gouvernement, il faut que nos enfants grandissent avec une plus grande ouverture d'esprit. Et nous aussi, d'ailleurs.

Quels obstacles avez-vous rencontrés et comment les avez-vous surmontés ?
J'ai une mémoire géniale, parce qu'elle est très sélective… et elle oublie tout ce qui m'arrange. Les souvenirs d'obstacles, je les enfouis souvent par mégarde. Récemment, j'ai participé à une campagne au sujet du harcèlement, et c'est en parlant avec le journaliste qui m'interrogeait que je me suis souvenue (ou que j'ai regardé ces faits en face pour la première fois) que j'avais été victime de harcèlement du CE2 au CM2. Tous les jours, je partais, des nœuds dans le ventre, et je rentrais en pleurant, victime de moqueries incessantes, mais j'avais rangé ces souvenirs tout au fond d'un tiroir..

Quand vous êtes sortie de la Star Academy, vous avez tenté de vous entourer d'artistes qui vous inspiraient…
Oui, afin de commencer à me constituer un répertoire de chansons originales et de pouvoir le défendre sur scène, mais l'accueil a presque toujours été glacial. Il y avait quelque chose d'incongru dans mon parcours et ma démarche. Le fait qu'une gamine issue d'un programme formaté de TF1 vienne les solliciter eux, issus de l'underground, réveillait leur méfiance. À l'époque, dans les médias, la Star Ac était décrite comme une imposture, une manipulation de jeunes artistes. Ce n'est qu'en sortant de notre château à paillettes qu'on a compris à quel point cette image négative était ancrée.

Ça vous a motivée encore plus à créer?
Oui, bien sûr. Quand je regarde en arrière je me dis que je n'ai vraiment jamais boudé mon plaisir : six albums, une tragédie musicale, deux romans, des tournées de lecture musicale partout (jusqu'à New Delhi) des concerts partout (jusqu'en Amérique du Sud) des voix pour des dessins animés, de jolis rôles au cinéma et à la télévision... J'ai besoin de ce mouvement perpétuel et d'être toujours en train d'apprendre.

Par peur du vide?
La peur du manque, surtout. La peur de ne pas construire un avenir pour mon fils. Récemment, je lui ai bien expliqué que maman gagne bien sa vie, mais qu'à la fin de ses études, cet argent, il restera à maman. Il devra transpirer pour gagner le sien. Parce que moi, je suis partie de zéro. J'ai eu la rage d'y arriver. Et je veux qu'il comprenne la valeur du travail, qu'il soit fier de lui.

Vous avez été une ado rebelle alors que vous avez grandi dans un milieu aimant. Pourquoi?
Je me sentais à l'étroit. Un petit village, une famille très soudée... C'est beau, mais ça peut être étouffant. J'ai su très tôt que je partirais. Mon prof de musique, Jo Moutou, a dit à mes parents : « Elle doit intégrer un lycée plus loin que celui où vont ses amies, un endroit où elle pourra poursuivre une scolarité normale tout en suivant un enseignement artistique poussé... » J'ai sauté sur cette opportunité. À quinze ans, j'ai quitté la maison familiale, laissant le destin me prendre par la main.

Vous aviez déjà cette intuition que votre destin était ailleurs?
Oui. Et j'ai rencontré des guides ou des anges gardiens sur ma route : des profs, des parents, des amis, des amoureux, qui ont

cru en moi plus que moi-même. Ils ont renforcé ma confiance en moi, qui a toujours été plutôt fragile, et leur regard bienveillant m'a aidée à dépasser mes appréhensions pour me jeter à l'eau.

Comment ça se travaille ? avec une thérapie ?
Entre autres ! On s'informe aussi sur le sujet en librairie, sur les réseaux, on médite, on applique la méthode Coué, on se pousse à sortir de ses zones de confort pour se découvrir et connaître mieux ses limites et ses aspirations... Et ainsi l'estime de soi grandit, petit à petit.

Vous tirez des leçons de la vie ?
Tout le temps. Cinquante fois par jour, je prends une petite leçon. Malheureusement je ne les retiens pas toutes. Je suis trop spontanée pour avoir assez de mémoire.

Et la plus belle ?
Que seuls l'engagement et le travail payent. Écrire par exemple, ce n'est pas un don, c'est une discipline. Tout le monde peut écrire, il suffit de s'y mettre de tout son cœur. Mon grand-père disait : « On obtient tout à la sueur de son front. » Cette phrase fait partie de mes mantras.

Vos grands-parents ne vous ont pas appris l'espagnol ? Ils ont tout fait pour s'assimiler ?
En effet. J'ai appris l'espagnol au collège/lycée, et je l'ai perfectionné en partant vivre à La Havane.
Ma tante, qui a soixante-quinze ans aujourd'hui, m'a raconté que quand elle était petite, on disait aux autres enfants : « Ne jouez pas avec les gosses des Espagnols. » Alors mes grands-parents ont fait ce qu'ils ont pu pour nous protéger.

Je pense qu'ils ont essayé d'enfouir, voire d'effacer leur histoire pour que l'on se fonde au maximum dans la masse.

Vous avez choisi le nom de Ruiz en hommage à votre grand-mère ?
Oui, c'était son nom de jeune fille. Mon nom de famille officiel, Blanc, vient de mon seul grand-parent français… Enfin, officiellement français. Parce qu'on a fait un test ADN, et il n'y a pas un seul tout petit pourcentage de France dedans !

Il y avait quoi dans les résultats ?
82 % Ibères, 8 % juifs ashkénazes, 3 % Italiens, 1 % Nigérians… C'est si excitant de savoir qu'en chacun de nous se cachent les clés de l'histoire de nos aïeux.

Et la suite pour vous ?
Ce que la vie voudra bien m'offrir…

Vous croyez qu'on peut lutter contre son destin ?
Oui. Et heureusement ! Sinon, ce serait terrible. Bien sûr qu'on peut le modeler, le déjouer, voire lui imposer un petit pied de nez de temps en temps pour lui rappeler qui décide !

Mais la vie vous embarque… Vous dansez avec elle, en fait ?
Oui. Parfois, je suis la meneuse et je la tiens avec fermeté par la taille, et de temps en temps elle m'échappe, m'envoie valser, m'obligeant à lui courir après jusqu'à l'épuisement. Ce qui est parfois insupportable mais avant tout génial, parce qu'on n'est jamais à l'abri d'une bonne surprise, tout en ayant toujours un pouvoir certain sur notre destin. Ne serait-ce que celui d'être attentif aux signes pour le ressaisir et le remettre sur le droit chemin lorsqu'une fenêtre s'entrouvre pour le permettre.

Olivia Ruiz

Quatre mots qui sont essentiels pour bien vivre sa vie ?
L'art. Le lien. L'étranger, dans tous les sens du terme. Et la folie. Mais la folie joyeuse, celle qui nous apporte la lumière, celle qui tient compte de la fugacité de la vie et ainsi nous force à lui faire de la place pour éloigner les regrets.

Olivia avait connu une enfance chaleureuse. Ce n'est pas un cas général.

L'une de mes amies m'avait raconté son histoire...

Elles étaient quelques-unes, bourgeoises, rangées, bien nées, dans ce lycée d'un arrondissement populaire de Paris. Une petite bande qui s'était retrouvée là par hasard, au milieu des pauvres et des immigrés. Ça ne serait plus possible maintenant. Là, leurs parents étaient nés dans les années 1950 : ils n'en avaient donc rien à foutre de rien et laissaient pousser leurs enfants, un peu comme du chiendent, pourvu que ça ne dérange pas leur projet de divorce, leur carrière dans la pub ou leur nouvelle vie. Lycée miteux donc, mais clique solide et joyeuse : jeunes filles à tomber et garçons à guitare qui chantaient *Wouldn't It Be Good* de Nik Kershaw. Et dans la cour, deux prédateurs. Mais tranquilles, les gars. Ils faisaient leur marché. Professeurs d'éducation physique et sportive : Joël et Michel. Michel préférait les petites Asiatiques et se les envoyait pratiquement toutes : elles, poupées vulnérables, à peine arrivées par bateau de pays en guerre. De quoi pourraient-elles se plaindre ? Après tout, ça ne changeait pas du bon vieux temps des colonies, c'était *Coup de torchon* aux Olympiades. Avec, dans le rôle du gros dégoûtant, un type à la tête pas possible : une moustache, des cheveux gris et longs mais le crâne dégarni, petits yeux bruns, petites mains, petites jambes. Tout en petit. Dégueu, on vous dit. Elles, adorables, graciles, apeurées, entre quinze et dix-sept ans, comprenaient vite à quelle sauce elles seraient mangées par le Michel. Il en changeait comme de survêt. Sa « séduction » (quel mot utiliser ?) tenait à son statut de prof, même d'EPS. Il ne pouvait pas jouer sur son physique, il misait donc tout sur la figure d'autorité. Il devait promettre des papiers ou menacer de dénoncer : personne n'aurait pu avoir envie de se coucher dans un lit, sans ça.

Le Joël était aussi pervers, mais beau mec. Grand type hyper bien bâti, châtain, cheveux fins un peu longs dans le cou, chaîne en or, biceps, « aventurier contre tout guerrier », clope sur clope. Lui tapait dans l'élite bourgeoise. Privilège de la beauté. Ces petites filles qui partaient dans les maisons de famille (Les Ormes, Boncoeur, la Mésangère) pendant les petites vacances, en Grèce ou en Italie, l'été et au ski à Noël ou en février, parfois les deux. Il les faisait tomber comme des mouches en racontant n'importe quoi. Elle et sa meilleure amie n'avaient pas échappé à l'ogre. Ils les emmenaient alternativement dans son duplex miteux d'Ivry, marronnasse, chambre à l'étage, où il déroulait son chibre autant que son odeur d'eau de Cologne Mont-St-Michel vaguement boisée « pour nous les hommes ». Les deux nouilles tombaient à la renverse, persuadées d'avoir été choisies par un dieu vivant prof de gym. Il disait : « Je sors d'une grave dépression : Françoise, une femme merveilleuse, m'a quitté, je l'aime encore, nous faisions l'amour à mort. Peut-être que toi seule vas pouvoir me redonner goût à la vie. » Elles n'y connaissaient rien de rien, petites oies stupides, et le suçaient consciencieusement, comme il leur apprenait, pour le consoler. Il n'aurait pas été hostile à une partie fine mais, dans un sursaut de lucidité et d'intuition, elles avaient décliné. Elles savaient que leur grande amitié n'aurait pas résisté au spectacle de leur intimité foudroyée. Partageur, il avait alors appelé un de ses copains (Christian) et lui avait confié la brune. Chacun à son étage : Joël dans son lit et Christian sur le canapé, chacun besognait sa nymphette pendant les heures de permanence. Ensuite, elles remontaient dans la Fuego et reprenaient le cours de leur première, convaincue de vivre une histoire de *ouf*. Mineures. Eux en avaient vu et en verraient d'autres. Jamais inquiétés. Pour elles, tout était nouveau, excitant et chaotique.

On ne peut pas parler de « viol », bien sûr. Mais quel mot, alors, pour exprimer l'escroquerie, l'enfumage et la duplicité ? Pour décrire ces jeunes corps, beaux, fermes et tendus, la joie de vivre et l'ingénuité attrapés au lasso par trente ans de plus, insincères, cyniques et adipeux (pour Christian) ?

Maï-Linh Camus

Il y a des métiers qui sentent le mystère, l'adrénaline et le danger. Maï-Linh Camus a été officier de renseignement au sein d'une unité spéciale. Elle est très belle. On n'avait jamais vu une femme de son statut, de ses origines et de son âge à ce type de commandement. L'ancienne officier, désormais trentenaire, a quitté l'armée, mais elle a transposé ce qu'elle y a appris au monde des affaires : l'art de l'information, de la stratégie et du secret.

Petite, vous vous êtes promis plusieurs choses, lesquelles ?
Ne jamais abandonner. Je me le suis toujours répété, comme un mantra. Et puis aussi, enfant : ne jamais devenir militaire, ni épouser un militaire. Mais la vie adore se moquer de nos certitudes, n'est-ce pas ?

Oui… et vous êtes donc devenue officier ?!
Par hasard, ou presque. Mon père était militaire, chasseur alpin, souvent en mission et donc absent. J'ai grandi à Bourg-Saint-Maurice, au 7e BCA [bataillon des chasseurs alpins], dans les montagnes. Puis, adolescente, nous avons déménagé à Bayonne. J'ai suivi des études de droit dans le Sud-Ouest, avant de devenir juriste spécialisée en droit des affaires pour

une entreprise américaine, responsable juridique pour la France et l'Europe.
Un jour, j'ai voulu devenir réserviste militaire pour donner un peu de mon temps au pays.
Mais les candidatures étaient closes pour l'année en cours. Impatiente de nature, j'ai décidé de m'engager pleinement, sans consulter personne. Deux mois après avoir signé mon contrat à Bayonne, je quittais tout pour entrer à Saint-Cyr. Une décision prise en silence : ma famille n'en savait rien et mon employeur non plus. J'ai renoncé à mon quotidien du jour au lendemain !

Pourquoi ce choix soudain ? Vous aviez pourtant juré le contraire !
C'est vrai, mais au fond de moi, quelque chose sommeillait. Ma mère, vietnamienne, est arrivée ici après la guerre en 1975. Quand je me suis engagée, ma grand-mère m'a dit : « Nous avons payé notre dette à la France. » Je n'imaginais pas que cette dette existait encore pour ma famille, mais cette phrase m'a bouleversée. Ma grand-mère aime profondément la France, elle est reconnaissante envers ce pays qui nous a accueillis, chéris, soignés, éduqués. Le désir de servir était là, caché, mais puissant.

Qu'est-ce qui vous a marquée à Saint-Cyr ?
La rigueur physique et mentale. Je suis sportive, très entraînée, pourtant ce fut exigeant : manier les armes, obéir sans réfléchir, ressentir la faim, la douleur, la fatigue. Je me souviens des entraînements intensifs : grimper à la corde sans les jambes, nager en uniforme avec une arme, savoir récupérer une victime en piscine… J'étais d'ailleurs la seule femme capable de faire des tractions dans ma section. Et j'en faisais plus que certains hommes… et plus longtemps ! Mais surtout, j'ai découvert une vraie fraternité avec mes camarades, une

solidarité qui dépasse les genres, malgré quelques réflexions inévitables mais pas pires qu'ailleurs.

Puis vient le renseignement, c'est comme dans Le Bureau des Légendes*?*
Oui, étrangement proche. Je m'étais engagée comme juriste, mais on m'a vite repérée : « Si tu apprends le russe, si tu te formes à la géopolitique du Caucase sur ton temps libre, tu pourrais être plus utile encore », m'a-t-on dit. J'ai plongé avec enthousiasme dans ces nouvelles connaissances, allant même étudier en Lettonie dans une université russe. Quand j'ai signé avec les services de renseignements, mon recruteur m'a simplement dit : « Si vous signez, vous saurez. Sinon, vous ne saurez jamais. » J'ai signé sans tout comprendre, mais en ayant confiance, et ce fut passionnant. Notre travail avait un impact réel sur la sécurité et les décisions du pays. C'est une sensation incroyable : sentir que ce que vous faites compte vraiment. Je me souviens d'un collègue en opération qui s'était cassé la cheville au début d'une mission. Il n'a rien dit et a continué jusqu'au bout, parce que le succès de notre mission passait avant tout. Cet esprit de sacrifice, je ne l'oublierai jamais. Travailler dans le renseignement, c'est aussi cela : accepter de ne pas compter les heures, de ne pas ménager sa peine, pour la stabilité et la sécurité de son pays.

Vous avez rencontré votre mari à l'armée, malgré votre promesse initiale…
Oui, encore une certitude balayée ! Sous une barre de traction, pour être précise ! Il était officier avant moi. Son soutien a été essentiel dans cette vie secrète. Les médailles, c'est lui qui les mériterait, car il a tenu bon durant toutes ces années compliquées, ne m'a jamais lâchée malgré mes absences répétées.

Pourquoi quitter une telle carrière ?
Pour devenir mère. C'est impossible d'être pleinement dans l'opérationnel et maman en même temps. J'étais enceinte à la fin de mon contrat. Cela a été un choix difficile, comme un divorce amoureux avec les armées, mais nécessaire.

Comment avez-vous vécu cette transition ?
Très durement, je dois l'admettre. Quitter une identité secrète et exaltante pour revenir à la réalité quotidienne, c'est brutal. Mais mon enfant est devenu ma raison d'avancer.

Et la reconversion professionnelle ?
Initialement, je voulais être fleuriste pour la tranquillité, disons ! Mais le conseiller en reconversion militaire m'a poussée vers l'intelligence économique. Aujourd'hui, j'ai fondé Prisme Intelligence, une société de renseignement d'affaires au service des entreprises. Je transpose mes compétences militaires au monde civil : investigations, stratégie, éthique et loyauté absolue envers mes clients.

Vous êtes jeune et femme dans un milieu d'affaires souvent masculin. Est-ce difficile ?
Étonnamment, plus difficile que dans l'armée. Là-bas, le grade prime tout. Dans le monde civil, il faut gagner constamment sa légitimité. Mon arme à moi, c'est la parole, l'expression claire de ma vision. Peu à peu, j'ai acquis la confiance nécessaire pour développer mon entreprise.

Comment gérez-vous vos émotions et vos échecs ?
Je suis très émotive, c'est une faiblesse que j'apprends à dompter. Quant aux échecs, je me permets de m'en plaindre vingt-quatre heures, puis je repars de l'avant, en tirant des leçons précieuses pour ne pas stagner.

Avez-vous des regrets ?
Non, aucun. J'aurais pu prolonger ma carrière militaire, mais je ne serais peut-être pas devenue mère à ce moment précis. Alors, non, pas de regrets.

Enfin, pouvez-vous me donner quatre mots clés pour bien vivre sa vie ?
Équilibre, pour gérer toutes nos facettes. Dynamisme, pour rebondir quand on chute. Soleil, c'est-à-dire l'ouverture aux autres, et l'humanité dans les échanges. Enfin, la combativité : rien n'est facile dans la vie, mais il faut toujours se battre avec ténacité.

Maï-Linh avait des frères d'armes. Elle parlait avec une nostalgie sincère (voire avec une pointe de regret?) de l'amitié des soldats, qui n'était pas un mythe. Dans l'armée, elle avait découvert une forme de fraternité radicale. Une solidarité brute, sans masque, sans faux-semblant : on veille les uns sur les autres, on se relève ensemble, on ne laisse personne derrière. Ce n'est pas de la camaraderie de surface, c'est du lien à vif. Une loyauté forgée dans la contrainte, dans le froid, dans l'effort. Et quand on l'a connue, on la reconnaît ailleurs, dans d'autres bataillons – parfois féminins, parfois minuscules, mais tout aussi essentiels.

Je n'aime pas le mot « sororité ». Je suis trop féministe pour l'aimer. Les femmes, je les connais, je les ai vues à l'œuvre, je sais de quoi elles sont capables.

Je rappelle, cela dit, qu'on a dû inscrire le terme « fraternité » dans la devise de la République et sur tous les frontons des monuments, pour rappeler aux hommes qu'il ne faut pas taper. Je ne vois pas au nom de quoi les femmes devraient faire tout mieux que les autres.

Il ne dit pas l'incroyable puissance de la féminité, ce mot « sororité », il l'annule; il la rend vulnérable, fragile et niaise. C'est un mot maman poule, agité pour forcer l'adhésion et créer un regroupement factice. Je l'ai entendu sortir, comme un crapaud, de la bouche des pires sorcières, garantes du bien-penser.

Ce qui doit nous (é)mouvoir c'est le respect et l'admiration mutuels. Et pas une injonction à une cohésion feinte et superficielle.

Alice Modolo

Elle est arrivée de Nice, Alice, avec sa grosse valise. Et ce qui m'a frappée, c'est sa beauté sereine de sirène. Ses yeux ont la couleur des coins de mer où l'on se jette tellement c'est beau. Alice Modolo est apnéiste. C'est la première femme française à avoir plongé à cent mètres sous l'eau. Elle détient des tas de records, c'est une championne. Et pourtant, ce n'était vraiment pas écrit. Je ne comprends pas ce sport. Au fond, c'est une façon d'être au monde : décider sciemment de se priver du souffle alors que c'est ce qu'il y a de plus précieux. Gentiment, elle va m'expliquer, Alice, que dessous, là-bas, c'est son pays des merveilles. Elle évoque l'enfance, le souffle, la douleur et ce qu'il faut laisser au fond pour pouvoir remonter.

Vous êtes la première femme française à franchir la barre des cent mètres en apnée. Vous vouliez être invincible ?

C'est un mot que j'aime beaucoup, « invincible ». Ce rêve m'est tombé dessus. Je sortais d'une plongée, à peine remise de mes émotions, et j'ai dit cette phrase : « Je veux être invincible. » C'était spontané, irrépressible, comme une vérité que je n'avais jamais osé formuler. Et puis, les autres ont ri. Mais moi, je savais que quelque chose venait de se déclencher. C'était à la fois inconscient et profondément juste.

Quand on annonce un objectif pareil à voix haute, on est un peu obligé d'y aller, non ?
Oui. Une fois que c'est dit, il faut le faire. C'est une affaire d'ego, sans doute. Mais ce jour-là, ce n'était pas une déclaration stratégique, c'était un élan, une urgence.

Votre enfance commence loin des océans. Vous venez de… Clermont-Ferrand !
Pas franchement une terre de corail. Et pourtant, il y a longtemps, cette région était recouverte par la mer. Il reste des fossiles. Moi, je crois à ces mémoires profondes. En tout cas, j'ai le sentiment d'être revenue de loin.

Vous dites que vous avez eu une enfance compliquée.
Oui. Je ne me sentais pas à ma place. Je ne comprenais pas ce monde. J'avais quatre ans quand mes parents ont divorcé. J'étais arrivée dans une période déjà bancale. J'ai grandi avec ce sentiment de ne pas être désirée, et surtout, de ne pas être vue. Alors j'ai été rebelle. Je voulais qu'on m'entende. Je me mettais toute seule au piquet, j'étais une petite fille difficile.

Et pourtant, vous avez suivi la voie familiale : vos deux parents sont dentistes.
Oui, j'ai fait mes études de chirurgie dentaire. Mais c'était une ruse. Vers dix ans, j'ai compris que me rebeller ne servait à rien. Alors j'ai changé de stratégie : je suis devenue bonne élève ! Le vilain petit canard s'est transformé en cygne. Tout le monde s'est dit : *Ah, elle n'était pas si bête.* Et moi, ça m'a blessée, parce qu'en fait, personne ne m'avait jamais vraiment regardée.

Est-ce ce manque de reconnaissance qui vous a rendue forte sous l'eau ?
Absolument. L'eau est devenue mon miroir, le seul endroit où j'avais un écho. Sur terre, j'étais invisible. Sous l'eau, j'existais.

Vous n'aviez aucun lien avec la mer avant ?
Aucun. Je n'ai jamais été sportive, je ne savais même pas nager très bien ! Mais quand je me suis retrouvée sous l'eau, j'ai compris que ce lieu-là, cet inconfort, m'était familier. Je connaissais la souffrance, le danger. J'y suis venue par hasard : je faisais une plongée bouteille en piscine. Il y avait des apnéistes, ça m'a fascinée, j'ai voulu essayer. L'apnée ne m'a pas fait peur, elle m'a reconnue.

Et la mort, y pensez-vous ?
Je n'ai pas envie de mourir. Mais j'ai apprivoisé le danger. L'instinct de survie, je l'ai développé très tôt. En plongée, il m'a sauvé la vie.

Vous avez déjà fait une syncope. Vous avez perdu connaissance sous l'eau.
Oui, c'est arrivé. Pour nous, c'est un incident, pas un accident. C'est un peu comme un K.-O. pour un boxeur. Ce jour-là, j'avais annoncé vouloir tenter les cent mètres. Tout le monde m'a dit que c'était une folie. « Tu ne peux pas sauter de quatre-vingt-quinze à cent. » Et là, bizarrement, ça m'a motivée. Le jour J, il y avait du courant, je me suis dit : *Ce n'est pas pour aujourd'hui.* Mais je suis descendue. J'ai atteint les cent mètres… et j'ai fait une syncope à la remontée. Mon corps a disjoncté. C'était comme une gifle de la mer. Symboliquement, c'était fort : c'est elle qui m'a remise à ma place.

Mais en 2021, vous recommencez. Et vous réussissez.
Oui. Même configuration. Même saut de quatre-vingt-quinze à cent. Mais cette fois, j'avais corrigé les détails. Je l'ai fait et c'était grisant : je me suis sentie surpuissante. Mais j'ai aussi compris que les autres voient des choses que je ne perçois pas toujours. J'ai appris à écouter, sans renoncer à mon instinct.

Vous avez étudié la douleur, en plus.
Oui, j'ai même fait un master sur le sujet, travaillé dans un labo de recherche. J'ai toujours été fascinée par la façon dont le corps peut moduler la souffrance. Ça m'a aidée à comprendre mes capacités. Et à mieux m'accompagner, mentalement et physiquement.

Comment se passe une plongée ?
Je suis allongée sur l'eau, un petit coussin sous la nuque pour compenser le poids du plomb autour du cou. J'écoute le décompte. Il faut ralentir le cœur, inspirer doucement, profondément. Et puis je bascule. Je suis seule. Je glisse dans le bleu. Tout devient sombre, presque noir. À trente mètres, je fais remonter de l'air dans mes joues, c'est la dernière réserve. Ensuite, je ne touche plus à mes poumons. C'est un ballet intérieur. Il faut gérer chaque sensation, chaque tension. Et ne jamais paniquer.

Et quand vous touchez le fond ?
Je saisis le tag, une plaquette fixée à la profondeur cible, preuve qu'on a bien atteint l'objectif. Et là, tout change. Il faut remonter. Le corps se remet en marche. Je guette les variations de lumière. Les apnéistes de sécurité m'attendent à trente mètres. Ils font un petit bruit de gorge, une fois, deux fois, trois fois. À la surface, je dois ôter mon masque, faire le signe

OK, dire « I am OK ». En quinze secondes. Sinon, c'est la disqualification. Ces quinze secondes, elles sont capitales.

Est-ce qu'on se déleste de quelque chose en plongeant ?
Oui. L'eau lave. J'y laisse les émotions des autres, celles qui ne m'appartiennent pas. Je reviens plus claire, plus légère.

Être une femme dans cette discipline, c'est un défi ?
Pas dans les profondeurs. Mais c'est une responsabilité : j'ouvre une voie. Les hommes abordent souvent l'apnée par la force, la performance physique. Moi, j'ai montré qu'on pouvait faire autrement. Être plus économe, plus directe, plus essentielle.

Avez-vous des regrets ?
Parfois, je regrette de ne pas avoir commencé plus tôt. Mais aujourd'hui, ça me donne une force différente. Je crois que la performance vient d'un corps sain, naturel, respecté. J'ai travaillé avec Bernadette de Gasquet sur le périnée, sur la respiration. Ce souffle, c'est la colonne qui soutient tout le reste. Quand on maîtrise son souffle, on peut affronter n'importe quoi.

Et l'amour, dans tout ça ?
En 2019, j'ai quitté mon métier, et j'ai quitté aussi un homme avec qui j'étais depuis cinq ans. J'avais besoin d'aller vers moi. L'apnée m'a construite. Mais aujourd'hui, je suis plus proche de moi, je suis prête. Je me libère.

Quatre mots pour être bien dans sa vie ?
Liberté. Intégrité. Humanité. Joie.

Quand Alice s'éclipse, un mot résonne : la vocation. À quel moment trouve-t-on sa voie ?

Alice a longtemps manqué d'air. Pas sous l'eau, non, sur terre. La vie était tracée, raide comme du fil dentaire. Alors elle a choisi de s'enfoncer dans l'eau juste assez pour s'effacer et trouver ce moment fragile où l'on ne pèse plus rien. Le corps oublie ses contours : dans la suspension, le silence, la grâce pure. Disparaître pour mieux revenir, peut-être. Avoir trouvé ce pour quoi on est faite, en tout cas.

Ma vocation à moi est venue à l'enfance, dès que j'ai su parler. Journaliste. Et puis un jour, un monstre copain de mon père – très connu dans le monde de la presse et de l'audiovisuel – lui a dit : « Journaliste ? Elle n'est pas très à l'aise quand elle marche sur les rochers, elle ne pourra pas encaisser. » Nous étions tous ensemble en Espagne, pour les vacances d'été. J'avais quatorze ans, j'étais folle d'admiration pour ce type. Une nuit, dans le silence et le secret, il m'a tranquillement emmenée dans la cabane du jardinier. Et dans cet antre, apparemment, ça ne lui posait aucun problème que je ne sois pas très à l'aise. Au contraire, même.

Nina Métayer

On dirait la fille d'Audrey Hepburn et d'un chou à la crème. Nina Métayer est la meilleure pâtissière du monde, mutine, légère, craquante comme une petite noisette. En l'écoutant, on se dit que tous les enfants du monde devraient l'entendre raconter son parcours. De super bonne à pas grand-chose à excellente en tout, elle a juste une curiosité, une volonté folle et l'envie de croquer le monde.

Mon mari dit toujours à mes filles : « La vie, ce n'est pas du sucre. » Pour vous, la vie, c'est du sucre ?
Pour moi, oui. Petite, mes parents disaient : « Tout est toujours parfait dans le monde de Nina. » Ils craignaient que je tombe de haut en découvrant la réalité. Mais non, le monde est magnifique. Il y a des choses dures, bien sûr, mais il faut voir la beauté. C'est plus simple ainsi.

Sinon, c'est déprimant. Vous parliez de vos parents… Étiez-vous une enfant bonne ou moyenne ?
Je suis née dans une famille bienveillante, artistique. La curiosité était notre moteur. J'ai tout essayé : théâtre, natation synchronisée et bien sûr piano, mais j'étais arythmique ! … Je n'ai jamais été très forte.

Il y a eu un déclic pour vous ?
Pas vraiment. Le vrai déclic, ça a été le jour où j'ai commencé à travailler. J'ai découvert l'amour du travail. En quatrième, un matin à 5 heures, je suis partie chercher un job sur le marché. Ma mère ne me croyait pas, et quand elle ne m'a pas vue revenir, elle est allée au marché… et m'a trouvée en train de vendre des pommes et des poires !

C'était pour être indépendante ?
Oui. À la base, c'était pour rembourser une facture téléphonique énorme : j'avais appelé mon petit copain sans faire attention, ma mère était furieuse ! Ça m'a appris l'autonomie. J'ai continué pendant plusieurs années : le samedi, je vendais des pommes et des poires, le dimanche, des crêpes.

Avez-vous des sœurs ?
Oui, deux petites sœurs. Très différentes, mais toutes bosseuses. Quand elles ont une idée en tête, elles ne lâchent pas… elles sont tenaces !

L'amour du travail, ça s'inculque ?
Je crois. Moi, ça me rend fière. Ça me donne une liberté : savoir que je peux toujours me débrouiller. Mes parents nous ont transmis ça, ils sont indépendants, bosseurs. Mon père est développeur, ma mère était journaliste. Aujourd'hui, ils travaillent avec nous. J'espère faire aussi bien avec mes filles, même si elles sont encore petites.

À seize ans, vous décidez de partir à l'étranger. Un besoin d'ailleurs ?
Oui, je me cherchais. J'étais une élève moyenne, pas particulièrement douée en quoi que ce soit, mais bosseuse. Une fille

plus âgée m'a parlé de son échange aux États-Unis et ça a fait tilt. J'ai dit à mes parents : « Je pars. » Ils n'y croyaient pas. Moi non plus, jusqu'à ce que je sois seule, en pleurs, dans un train pour La Rochelle.

Vous, vous avez choisi le Mexique, pourquoi ?
J'avais rencontré des Mexicains qui m'avaient raconté leur pays comme un rêve. Alors, sans parler un mot d'espagnol, je suis partie. Ça a été très dur : bloquée à l'aéroport de Houston, une famille d'accueil peu chaleureuse, seule à l'autre bout du monde sans téléphone ni Internet. Les premiers mois ont été un choc. Puis un jour, j'ai eu un déclic, j'ai commencé à parler espagnol, à me faire des amis… Et ça a été la plus belle année de ma vie…

Vous envisagez alors de vivre au Mexique ?
Oui ! À la fin de l'année, je ne voulais plus rentrer. Je cherchais un moyen de rester. Comme tout le monde me demandait si je savais faire du pain – parce que j'étais française –, je me suis dit : *Et si je montais une usine de viennoiseries pour fournir les hôtels qui ouvrent à Tulum et à Playa del Carmen ?*

Mais vous rentrez en France…
Oui, mes parents ont été malins : « Passe ton bac et ton CAP, et après, fonce. » J'ai suivi leur conseil. La boulangerie, à la base, ce n'était pas une passion. Je voulais juste créer un business. Et pourtant, après quelques stages, j'ai trouvé ma voie…

En tant que jeune femme, vous vous heurtez à un mur misogyne en boulangerie ?
Je ne m'y attendais pas, surtout avec mon CV ! Je travaillais depuis mes quatorze ans, au Mexique aussi, même sans trop

avoir le droit. J'étais sûre de trouver un apprentissage facilement. Mais non. Partout, on me proposait des postes de vendeuse. « Non, je veux apprendre à faire du pain ! » Problème : j'étais une femme, pas costaud, et surtout... pas fille de boulanger. Les employeurs n'avaient pas l'habitude.

Vous finissez par trouver une boulangerie ?
Oui, chez Denis Baron à La Rochelle. Lui, il s'en fichait : « Tu commences quand ? »

Et là, c'est la révélation !
Oui ! Avant, je ne savais même pas si j'aimais ça. Mais voir eau, farine et sel devenir du pain... C'est magique ! Tous les sens en éveil : l'odeur, le toucher, la chaleur du four. Et puis, le pain rend tout le monde heureux.

Pourquoi l'Australie ensuite ?
Pour apprendre l'anglais ! Je voulais travailler dans un hôtel international au Mexique. Pas de boulangerie dispo, alors j'ai bossé en pizzeria. J'ai adoré.

La pizza, une autre passion ?
Oui, avec le four à bois, l'odeur, et surtout le sur-mesure : ajouter ou enlever du fromage selon les envies des clients. C'est magique... Faire plaisir avec une pizza faite avec amour, c'était génial !

Vous touchez aussi à la pâtisserie ?
Un pizzaïolo fait un peu de tout dans un resto : plonge, desserts... Et puis, je tombe amoureuse de Mathieu, mon mari, qui est parisien. Direction Paris !

Et là, rebelote, pas de boulot en boulangerie…
Non, du moins pas dans des maisons qui travaillaient de bons ingrédients. Finalement, je trouve un poste au *tour* – le poste en pâtisserie où l'on prépare les pâtes, notamment feuilletées – à travailler la pâte, les croissants… J'y passe plusieurs mois.

Êtes-vous habile de vos mains ?
Pas spécialement. Ma seule compétence, c'est l'envie d'apprendre et une grande force de travail. J'aime partir de loin et progresser. J'apprends le *tour*, puis j'intègre Ferrandi.

Une école d'excellence ?
Oui, en pâtisserie, cuisine, hôtellerie… même maroquinerie à l'époque ! C'est ma mère qui m'a poussée : « Tu es à Paris, tente Ferrandi ! » Je me suis dit qu'avec un CV plus étoffé, les boulangeries finiraient bien par m'embaucher.

Vous découvrez alors la pâtisserie ?
Oui, mais mon apprentissage me laisse perplexe : glacer des éclairs, garnir des macarons… Je me dis : *C'est ça, la pâtisserie ? Je vais vite m'ennuyer.* Mais Paris regorge de grands chefs, presque tous des hommes. Quelques femmes comme Christelle Brua et Claire Heitzler ont ouvert la voie.

Et puis, vous croisez Camille Lesecq…
… Chef au Meurice. Il m'a transmis sa passion… Oui, ça se transmet ! Comme les boulangers qui m'ont donné l'amour du pain, lui m'a révélé la beauté de la pâtisserie : transformer un produit sans le dénaturer, le sublimer… Je ne réalisais pas tout ce qu'on pouvait créer avant de le voir à l'œuvre. Au fond, ma vie est faite de rencontres essentielles.

Un monde très masculin, est-ce difficile d'y faire sa place ?
Très. Et en plus, je n'avais aucune compétence en pâtisserie à la base. Ferrandi m'a donné une exigence, des bases solides, mais ne m'a pas appris la pression du métier. Là, il fallait livrer deux cents tuiles parfaites chaque jour, pas juste trois bien faites. C'était dur, mais c'est ce que j'aimais : être poussée à me dépasser.

Vous préférez l'exigence ou l'indulgence ?
L'exigence. Mais bien dosée, avec une intelligence émotionnelle. Un bon chef sait quand et comment la demander. J'ai une grande reconnaissance pour ceux qui m'ont dit : « Tu peux mieux faire ». C'est ainsi qu'on progresse.

Être une femme dans ce milieu, est-ce un frein ?
Oui, clairement. Petite, je demandais à ma mère : « Pourquoi il n'y a pas de Mozart femme ? Pourquoi pas de grandes cheffes ? » Elle me répondait : « C'est comme ça. » En réalité, ce n'était pas une fatalité. Longtemps, les femmes ont été confinées à certains rôles. Pourtant, les meilleurs gâteaux de mon enfance, c'étaient ceux de ma grand-mère ! Il a fallu attendre la fin du XXe siècle pour voir les femmes s'imposer dans ce métier.

Pourquoi si peu de femmes cheffes ?
C'est une question d'éducation. Pendant des générations, on formait les femmes à gérer un foyer, pas à diriger une équipe. En cuisine, la hiérarchie est forte. Il a fallu du temps pour que les femmes s'autorisent à prendre des postes de responsabilité… et pour que les autres les y voient légitimes. Il faut braver les a priori extérieurs, mais aussi les siens. Et quand une femme échoue, son échec est surexposé, là où celui d'un homme passe souvent inaperçu.

Avez-vous travaillé avec de grands chefs ?
Oui et c'est Amandine Chaignot qui m'a donné mon premier poste de cheffe.

Parce que vous étiez une femme ou parce que vous étiez bonne ?
Parce que j'étais bonne. Mais être une femme m'a obligée à prouver encore plus. À compétence égale, on choisira souvent un homme, car une femme « peut partir » pour avoir des enfants. Pourtant, une grossesse, ça se prévoit. Un accident qui immobilise un homme six mois, non. Je n'ai jamais compris pourquoi c'était un frein.

Avez-vous ressenti du sexisme au quotidien ?
Bien sûr. Dans une réunion, même si c'est moi la responsable, on regardera toujours l'homme, même s'il est junior. Comme s'il savait mieux. Ça m'a toujours agacée. Et un jour, je me suis dit : *Nina, mets-toi à ton compte. C'est la seule façon d'être vraiment libre.*

Devenir votre propre cheffe, c'était la condition de votre accomplissement ?
Oui, parce que même en étant cheffe dans de grandes maisons, je n'étais pas vraiment écoutée, mon avis comptait peu. On me mettait dans une case et on me disait d'y rester. En créant ma propre entreprise, plus de case, plus de limite.

Avez-vous douté ?
Tous les jours. Et encore aujourd'hui. Si on ne doute pas, on ne progresse pas. Se poser des questions, c'est ce qui nous pousse à nous améliorer.

Votre plus grande leçon ?
Le travail. Et savoir tirer des leçons de chaque situation. L'équilibre, la réussite, tout ça, ça se construit et ça se remet en question en permanence. L'important, c'est d'assumer ses choix.

Même quand on se plante ?
Bien sûr. En pâtisserie, avant de réussir un dessert, je peux rater cinquante fois. L'échec fait partie du processus.

Le dessert dont vous êtes la plus fière ?
Ma galette des Rois. Ce gâteau incarne tout ce que j'aime dans la pâtisserie : il traverse les époques, il réunit les gens, il est simple et pourtant exigeant. Impossible de tricher avec une galette : de bons ingrédients, un bon savoir-faire ou rien.

Votre passion est née de la pratique, pas d'un rêve d'enfance...
Oui, j'ai appris en me nourrissant du savoir des autres. Je suis allée voir les meuniers, j'ai compris la farine, le beurre... Comprendre ces matières simples m'a passionnée. Je mets mon âme pour les sublimer.

D'où viennent vos inspirations ?
La saison, bien sûr : poire, pomme... Mais surtout l'émotion. Un dessert doit être pensé pour celui qui va le manger. Qui ? Quand ? Dans quel contexte ? C'est ce qui nourrit la créativité. Tous les sens comptent : la texture, le croustillant, le bruit de la cuillère qui s'enfonce... Si un élément manque, le dessert est déséquilibré. Je ne cherche pas à plaire à tout le monde, je veux que ceux qui aiment ressentent l'émotion que j'ai voulu transmettre.

Un dessert, c'est une madeleine de Proust ?
Oui, une mémoire gustative et olfactive très profonde. Et même tactile ! Quand on mange un dessert, il ne faut pas réfléchir. Juste en redemander !

Aujourd'hui, c'est vous qui prenez des gens sous votre aile. Vous avez une brigade de combien de personnes ?
Une vingtaine de pâtissiers, et entre trente et quarante personnes en tout selon la saison. Ma plus grande fierté, c'est eux. Le plus difficile dans ce métier, ce n'est pas juste de créer, c'est de transmettre. Il faut que chaque gâteau soit fait avec la même envie et la même passion.

Faites-vous attention à la parité ?
J'aimerais, mais j'ai plus de femmes que d'hommes dans mon équipe. Peut-être parce qu'elles se reconnaissent en moi. Et je prends les meilleurs, point.

Et avec deux petites filles, comment gérez-vous ?
C'est intense ! Je me lève à 4 h 30, j'arrive au labo à 5 heures. À 8 heures, quand les gâteaux sont partis, je passe à la création, puis aux rendez-vous. Le soir, je récupère mes filles vers 18 heures et je me couche à 20 h 30.

Vous tenez ce rythme grâce à une bonne équipe… et à un mari très présent ?
Oui, on n'y arrive jamais seul. J'ai une super équipe et un mari qui m'a toujours soutenue. C'est une chance, car beaucoup n'ont pas de conjoint prêt à les suivre dans une telle aventure. Pendant quatre ans, il m'a accompagnée dans ma préparation aux MOF.

Les MOF, est-ce un concours?
Oui, Meilleur Ouvrier de France, un concours que je n'ai pas eu. Aucune femme n'a encore obtenu ce titre en pâtisserie. On m'a dit : « Ce n'est pas possible, on ne peut pas avoir une vie de famille et réussir. » J'ai voulu prouver le contraire.

C'est un vrai marathon...
Quatre ans de sacrifices, de nuits blanches, de vacances annulées. Il faut tout maîtriser : chocolat, sucre, viennoiseries, desserts, confiserie, même une partie traiteur. Et tout ça est jugé en seulement quelques heures. Mais ce défi m'a poussée à aller au bout de chaque détail, à donner le meilleur de moi-même.

La pire chose qu'on vous ait dite?
« Tu ne peux pas réussir parce que tu es une femme et que tu veux des enfants. » Mais ça m'a donné une force incroyable. Je me suis dit : *Ah oui? On va voir.*

Votre plus beau souvenir?
Je le vis un peu tous les jours. Quand j'arrive au labo et que je vois mon équipe sourire et créer avec plaisir... Et parfois, ils n'ont même plus besoin de moi. C'est à la fois une fierté et une petite tristesse. Au fond, mon plus beau souvenir, il est encore à venir.

Les quatre mots qui vous portent dans la vie?
Bonheur, partage, rêve, exigence.

Et la délicatesse ?
Bien sûr, c'est même le nom de ma maison : Délicatisserie. Au labo, tout le monde dit « avec délicatesse ».

J'aurais ajouté curiosité et travail…
Oui, aussi. Trop de mots à choisir… mais on les garde tous !

J'étais épatée par la force de vie, par la puissance rieuse et sincère de Nina. Elle avait eu des doutes, elle avait pris des claques, sans jamais se départir de son sourire à fossettes. Elle avait avancé et, pas à pas, finalement trouvé une forme de confiance en elle (c'est du moins ce que je ressentais).

… C'est tellement rare : la femme est souvent sa meilleure ennemie.

J'ai eu à présenter une émission que j'aimais beaucoup. Chaque jour, on déroulait un thème : les maîtresses de Louis XV, les champignons (sans lien particulier, quoique…), l'assassinat de Kennedy, la première femme pirate, New York, le microbiote…

Nous invitions des auteurs spécialistes qui venaient de passer des mois, peut-être même des années, à écrire sur ces thèmes.

Si c'était une femme, la réponse était invariablement : « Je ne sais pas si je peux parler du sujet, prenez plutôt Untel, le type qui a écrit la préface. » Et Untel – celui de la préface – à peine avait-on composé son numéro qu'il était déjà au maquillage.

Je passais des heures à convaincre les autrices de venir faire honneur à leur propre travail. Elles n'étaient pas faussement modestes, elles ne cherchaient ni compliments ni supplications : beaucoup d'entre elles étaient sincèrement persuadées de leur nullité.

Comment expliquer ce sentiment d'éternel imposteur, propre à tellement de femmes ? Pour *Le Larousse*, le mot est encore masculin… « Imposteuse », « impostrice », ça pouvait se tenter mais ça ne sonnait pas, pourtant.

Nina a dit : « En réunion, même si c'est moi qui parle, on regarde toujours l'homme à côté. » Des journalistes m'ont confirmé : « En conférence de rédaction, je peux parler, donner de bonnes idées, on me répond toujours : “Oui… mais non". » Un grand nombre de femmes m'ont fait cet humiliant aveu.

Moi, j'expérimente aussi autre chose : le monde entier répond à la voix d'homme. Rien à faire : le comptable, l'électricien, le garagiste, le cordonnier… L'univers préfère le baryton et lui répond, souvent positivement. Je peux m'égosiller, m'époumoner, supplier, quand mon mari appelle, tout va bien. Pas seulement parce qu'il a une belle voix…

Anne-Sophie Pic

Elle est entrée dans ma cuisine (j'enregistrais l'entretien à la maison, à l'époque), il y avait des asperges et moi plantée au bout d'un couteau éplucheur comme une poule qui en a trouvé un, de couteau, justement. Et elle m'a donné un cours d'épluchage. « Les vertes, voyez-vous, Anaïs, on les écrête. Et puis les blanches, c'est tout du long qu'il faut les peler. » Un trois-étoiles, que dis-je, une constellation d'astres me donnait un petit cours de cuisine. Anne-Sophie Pic, c'est la femme la plus étoilée du monde et aussi probablement l'une des plus créatives et l'une des plus douces. Ses mains, ses yeux, tout chez elle inspire la confiance et je crois que c'est une des plus grandes forces de l'humanité. Anne-Sophie Pic, c'est la dame de cœur. Je sais, elle est facile, mais que voulez-vous, elle est tellement juste.

Être tenace, pour vous, c'est quoi ?
C'est aller au bout des choses, ne rien lâcher. C'est une question de conviction, de persévérance, mais aussi de douceur. La ténacité n'est pas forcément un mot doux, mais elle peut s'exercer avec délicatesse.

Votre site dit : « C'est l'histoire d'une jeune fille que rien ne prédestinait à la cuisine. » Pourtant, votre parcours semble être celui d'un héritage, d'un atavisme. Tout vous y prédisposait, non ?
C'est émouvant ce que vous dites, parce que c'est vrai : j'ai lutté. Mon père me demandait dès l'adolescence si je voulais reprendre la maison familiale. Je répondais toujours que ce n'était pas le moment. Je rêvais de mode, de design. La cuisine me paraissait trop proche, trop évidente, presque un carcan dont je voulais m'éloigner.

Un jour, j'ai demandé à mon père s'il était possible de lutter contre son destin. Il m'a répondu : « Non, parce que c'est lutter contre soi-même. » Qu'est-ce que votre père vous a dit, à vous ?
Il m'a dit une phrase marquante, peu avant de partir : « L'expérience ne se transmet pas, elle s'acquiert. » Je ne l'ai pas seulement comprise comme une mise en garde contre l'impatience, mais aussi comme un encouragement à forger mon propre chemin. Au départ, j'ai fui la cuisine…

Vous aviez d'autres rêves : le marketing de luxe, la mode… À quel moment avez-vous pris la décision de revenir ?
À la fin de mes études. J'étais au pied du mur, il fallait choisir ma vie. Curieusement, ce sont les autres qui m'ont ramenée à la cuisine. Mes maîtres de stage, comme James Guillepain de Moët & Chandon, me répétaient : « Mais pourquoi vouloir fuir ? » À force d'entendre cet émerveillement dans leurs voix, j'ai fini par regarder la cuisine autrement.

Quand vous avez décidé de revenir, c'était en avril 1992. Vous avez passé l'été avec votre père… et il est mort en septembre.
Oui. Il a juste eu le temps de me transmettre le flambeau. C'était brutal. Je revenais pour lui, pour qu'il m'apprenne, et il est parti. J'ai dû avancer seule. Apprendre à faire un geste,

comprendre l'alchimie de la cuisine… J'avais une forme d'innocence, mais une force intérieure me portait. Les mots de mon père, « tout s'acquiert avec le temps », ont résonné en moi bien après son départ. Ils sont devenus une boussole dans ma carrière. Il m'a laissée avec cette vérité à assimiler seule et j'ai dû avancer en la faisant mienne. On ne peut pas lutter contre le destin, mais on peut choisir comment on l'embrasse. Être croyante m'a aussi aidée à surmonter cette perte. J'avais l'intime conviction qu'il était là, quelque part, qu'il veillait sur moi, qu'il guidait mes pas et, d'une certaine manière, mes plats. Et en fait, je m'adressais souvent à lui dans ma tête en me disant : « Donne-moi du courage, parce que là, c'est dur. » Il fallait que je traverse cette épreuve, que je retourne en cuisine, que j'affronte cette forme d'adversité que je ressentais. « Ce qui ne nous tue pas nous renforce », dit-on, et ce chemin devait être fait. Ce qui est essentiel, c'est de ne pas laisser l'amertume s'installer. À partir du moment où l'on nourrit une aigreur ou une rancœur, on cesse de grandir. J'ai compris que je devais lâcher cette colère et cette révolte, et en le faisant, j'ai enfin pu avancer.

Enfant, vous viviez au-dessus des cuisines. Vous saviez donc ce que ce métier impliquait.
Bien sûr. J'en avais pleinement conscience. Peut-être est-ce pour cela que j'ai voulu m'en éloigner, comme mon père avant moi.

Quand vous décidez de revenir, vous êtes une jeune femme, la fille du patron, apprentie… Était-ce dur ?
Très dur. On me tutoyait parce qu'on m'avait connue enfant. On me disait : « Tu n'as rien à faire ici. » J'ai encaissé, sans forcément avoir les armes pour répondre. Il y avait aussi un rêve qui me portait : récupérer la troisième étoile, perdue en 1995.

Qui vous a aidée à ce moment-là ?
Mon mari, David Sinapian. On s'est rencontrés sur les bancs de l'école de commerce. Quand j'ai décidé de revenir à Valence, il a suivi, alors que sa carrière était toute tracée à Paris. Il a construit l'enveloppe autour de ma cuisine : aujourd'hui, nous avons huit restaurants et plus de cinq cents salariés.

Votre mère jouait quel rôle dans tout cela ?
Elle était dans l'ombre de mon père. Elle prenait les commandes, elle faisait le service. C'était la fluidité, l'équilibre. Elle a effectué un travail extraordinaire. Mais elle m'a toujours dit : « Ne fais pas ce métier. » Elle voulait m'éloigner, pour que je sois libre, pour que je ne sois pas enfermée dans ce destin. Avec le recul, je crois qu'elle était plus féministe qu'elle ne le pensait.

Votre fils, Nathan, cuisine-t-il bien ?
Il a commencé bien plus tôt que moi ! Tous les jours, je lui demande s'il est sûr de son choix, parce que je ne veux pas qu'il le fasse pour me faire plaisir. Il préfère la pâtisserie, sans doute pour mettre une distance avec mon métier. Je pense qu'il est heureux.

Et le berceau, Anne-Sophie, c'est Valence ?
C'est la Drôme. C'est mon cœur battant, l'endroit d'où je viens et où je reviens toujours. Là où mes racines plongent profondément dans la terre. J'ai voulu m'en détacher, j'ai pris la fuite, traversé d'autres horizons. Mais j'y suis revenue et j'y suis bien. Quand je pars, c'est un éloignement temporaire, une parenthèse. Parce qu'au bout du chemin, invariablement, je reviens chez moi.

La violence en cuisine, est-ce une réalité ?
Moi, je n'ai pas vécu ça dans ma maison, évidemment. Et j'espère dans aucun autre de mes restaurants. Pourtant, c'est une réalité qui a marqué ce milieu. Les chefs subissent une pression énorme. Et quand ils ne savent pas la gérer, elle se transforme en tension, en agressivité. C'est comme une soupape qui saute au mauvais endroit, au mauvais moment. Et ce n'est pas qu'une question d'âge ou d'expérience. La violence peut venir d'un jeune chef comme d'un ancien. Mais au fond, c'est toujours le même problème : un mal-être qui déborde.

C'est un signe de faiblesse, non ?
Tout à fait. Une grande faiblesse. Un chef en détresse… mais est-ce aux autres de payer pour ça ? Je ne crois pas. Et puis, il faut être lucide : un chef seul ne fait rien. S'il n'emmène pas sa brigade avec lui, ça ne marche pas. Je crois profondément qu'il vaut mieux convaincre qu'imposer. Et convaincre, ce n'est certainement pas utiliser la violence.

Exigence ou indulgence ?
Les deux !

Être une femme dans ce milieu, à la fin des années 1990, était-ce encore un sujet ?
Oui, je pense que c'était vraiment un sujet. Et peut-être que ça l'est encore aujourd'hui…

Vous pensez que ça a changé ?
Ça l'est moins. Avec le recul, après trente ans, je le vois bien. Moi, j'ai grandi dans l'univers de mon entreprise familiale. J'avais un cadre, un cercle qui me protégeait. Mais ailleurs ? J'imagine que ça devait être encore plus dur.

Aujourd'hui, les choses changent parce que les femmes sont là. Elles sont talentueuses. Et les hommes ont compris qu'ils avaient besoin d'elles aussi.

Quelle est leur force ? Leur ténacité ?
Probablement. Elles sont jusqu'au-boutistes. Elles veulent réussir, coûte que coûte. Ça ne veut pas dire que les hommes ne le sont pas, mais elles le sont tout autant. Et elles cachent leur faiblesse, parfois trop.
Mais l'évolution ne vient pas que d'elles. Il faut regarder l'histoire de la gastronomie française. Pendant longtemps, les femmes ont été interdites d'entrée dans les écoles hôtelières. Au début du XXe siècle, elles étaient reléguées au domaine domestique. Professionnellement, seuls les hommes avaient leur place. Pourtant, mon arrière-grand-mère, Sophie, cuisinait déjà en 1891. À vingt ans. Elle s'est mariée et s'est immédiatement mise à la cuisine.

Incroyable !
Oui, et encore plus incroyable que son mari l'ait laissée faire ! Lui, il était un sage. Ils avaient une douzaine de fermes en Ardèche. Il était un peu régisseur, il conseillait pour les fermages, il chassait. C'est elle qui a transformé leur ferme en un restaurant, à vingt et un ans. Une pionnière.

Votre moteur, c'est quoi ?
Le plat d'après. Toujours. C'est une quête permanente. Je me demande sans cesse : « Qu'est-ce que je vais faire après ? Où va-t-on aller ? » Et pas seulement pour moi. Je me fixe des objectifs plus larges pour mes équipes. On explore la nutrition, on va plus loin dans la créativité.

Êtes-vous sans arrêt en train de travailler ?
Oui, et c'est indispensable. Un chef, ce n'est pas seulement quelqu'un qui cuisine. C'est aussi un manager, un guide. Il faut emmener les équipes, leur donner envie de rester, de progresser.

Est-ce qu'il y a une cuisine de femmes ?
C'est une question que je me pose souvent. Au début de ma carrière, je pensais que oui. Mais aujourd'hui, j'ai changé d'avis. J'ai goûté des cuisines d'hommes très féminines et des cuisines de femmes très masculines. Finalement, ce qui compte, ce n'est pas le genre du chef, mais son univers, sa sensibilité. Mais en observant les femmes qui travaillent auprès de moi, je remarque qu'elles ont une façon de cuisiner qui leur est propre : elles sont dans l'empathie, elles ont vraiment besoin que l'autre s'élève. Ce qui les motive, c'est de voir leur entourage grandir à leurs côtés.

Votre journée se partage entre la cuisine du restaurant et votre cuisine d'essai. Comment naît une idée de plat ?
Ah, mon rêve absolu serait de me lever le matin, de voir des asperges et de me dire : « Tiens, qu'est-ce que je vais en faire ? » Peut-être dans mes vieux jours… Mais non, tout est beaucoup plus organisé en amont. L'inspiration, ça se travaille. Ça passe par des visites, des rencontres, des dégustations. Je vais voir, par exemple, le collectionneur qui me fournit mes plantes aromatiques. Je note ce qui me plaît, les mariages possibles, les accords qui ont du sens. L'inspiration, c'est immense. Mais il faut lui donner un cadre.

Vous fonctionnez comme un artiste, avec un mood board en tête?
Oui, exactement. Mais ce n'est pas seulement pour une carte du moment. J'écris des notes qui peuvent me servir cinq ans plus tard. J'ai plein de petits carnets. J'y consigne des associations aromatiques, des idées de plats. Tout commence par une trame aromatique. Avant même de savoir si ce sera un poisson, une viande ou un légume, il y a l'esprit du plat.

Et le coup de feu, aimez-vous ça?
J'adore. Quand je passe trop de temps en cuisine d'essai, il me manque quelque chose. Le service, c'est un combat collectif. On réussit ensemble, on gagne la bataille ensemble. Et quand je vais voir les clients, je me dis : «Ça y est, c'est réussi.» Chaque jour est différent, et c'est ça qui est magique.

Des recettes familiales qui vous ont été transmises?
Malheureusement, non. Ni mon arrière-grand-mère, ni mon grand-père, ni mon père n'ont écrit de livre de recettes. C'est pour ça que, pour moi, c'est essentiel de transmettre, d'écrire. C'est une frustration. J'ai retrouvé des notes, des pages dactylographiées… mais pas de vrai livre.

La grande cuisine, c'est l'équivalent du luxe, non? Comme la haute couture ou le grand cinéma?
Oui, c'est vrai. Mais avec une différence : en cuisine, tout le monde peut nous copier. Si vous reproduisez un sac Hermès, vous allez en prison. Mais si vous refaites un de mes plats… Personne ne dira rien.

Le risque d'être copiée, ça vous inquiète?
C'est une question qui m'a traversé l'esprit, oui. On a son propre univers, on se demande parfois si les gens vont le

reconnaître, s'il ne va pas être repris ailleurs... Mais en même temps, inspirer les autres, c'est la plus belle chose qu'on puisse faire. Être copié, c'est une forme de reconnaissance.

Mais une recette, ce ne sont pas juste des proportions précises, c'est aussi un esprit, non ?
Exactement. Aujourd'hui, la cuisine est aussi précise que la pâtisserie, avec des pesées très rigoureuses. Mais les produits, eux, ne sont jamais exactement les mêmes. C'est là que le talent du chef intervient. Vous pouvez suivre une recette à la lettre, mais si vous ne comprenez pas l'âme du plat, vous ne pourrez jamais vraiment le reproduire.

Quelles sont les saveurs qui vous définissent ?
Il y a cinq goûts : sucré, acide, amer, salé et *umami*. Moi, c'est l'amertume qui me fascine. Elle porte le goût, elle structure le plat. Mais toujours avec subtilité.

Et l'umami ?
L'*umami* est passionnant. Il existe depuis toujours, et pas seulement au Japon. En France, il est partout : dans le fromage, les produits fermentés, ces aliments réconfortants qui donnent envie d'y revenir. Brillat-Savarin parlait déjà de l'« osmazôme », une notion proche de l'*umami*. Aujourd'hui, on redécouvre cette richesse à travers des ingrédients comme les algues, qui étaient là depuis toujours mais qu'on utilise davantage.

En tant que femme chef, avez-vous ressenti de la jalousie ou du mépris de la part de vos pairs ?
J'ai surtout reçu beaucoup d'encouragements. Ceux qui dénigrent, on les oublie. Ceux qui soutiennent, eux, restent dans la tête et dans le cœur.

Paul Bocuse avait une grande admiration pour votre père...
Oui, il trouvait que c'était le plus grand. Il aimait sa discrétion, son humilité. Mon père était toujours en retard sur les photos officielles des chefs, parce qu'il terminait son service. Aujourd'hui, dans les archives, on le voit peu, et c'est dommage. Mon mari m'a d'ailleurs mise en garde : « Fais attention, ne tombe pas dans le même travers. » Mais ce n'était pas un travers, c'était sa manière d'être : il faisait son travail jusqu'au bout.

Ressentez-vous un devoir de mémoire envers lui ?
Oui, absolument. Je veux que l'on se souvienne qu'il était là, qu'il était un grand créatif. Il a eu trois étoiles très longtemps, c'était l'essentiel pour lui. C'était un homme exceptionnel.

Votre métier, si prenant, a-t-il eu un impact sur votre vie de femme, sur votre vie de famille ?
Bien sûr. Si mon mari n'avait pas compris et accepté ce métier, si lui-même ne l'avait pas embrassé d'une certaine manière, je pense que ça n'aurait pas fonctionné. Il a toujours été mon meilleur coach. Quand j'hésitais, il me disait d'y aller. Quand j'avais peur, il me redonnait confiance.

J'ai l'impression que c'est votre meilleur ami.
Oui, tout en gardant l'amour, bien sûr. Il est mon premier confident, et il sait qu'il peut compter sur moi autant que je compte sur lui.

Vous avez été enceinte en cuisine. Était-ce une expérience amusante ou épuisante ?
J'avais un chef adorable qui m'avait acheté une petite chaise, car je faisais encore le passe à l'époque.

Le « passe » ?
C'est là où le chef annonce les commandes et d'où partent les plats pour la salle. Mais aujourd'hui, je n'y suis plus. Une fois qu'un plat arrive au passe, il est trop tard. La cuisson est faite, la sauce est prête… Si quelque chose ne va pas, il faut tout recommencer. Être en amont permet d'anticiper, d'éviter les erreurs avant qu'elles ne soient irréversibles. Beaucoup de chefs, aujourd'hui, sortent du passe. Parce qu'en réalité, les seconds sont souvent meilleurs que nous à ce poste !

Et enceinte, vous y étiez encore ?
Oui, jusqu'à la fin. Je sentais la pression monter, et mon fils Nathan me donnait des coups de pied !

Qu'attendez-vous encore de la vie ?
Je veux voir grandir ceux qui travaillent à mes côtés, et en particulier les jeunes femmes. J'aimerais qu'un jour certaines deviennent, elles aussi, chefs trois-étoiles.

Il y en a d'autres en France ?
Non, pour l'instant, je suis la seule. Mais ça viendra, et c'est une évolution naturelle. J'ai aussi envie d'accompagner mon fils le plus loin possible.

Vous n'avez donc aucun regret ?
Non. J'aurais aimé avoir d'autres enfants, bien sûr. Mais ce n'était pas forcément compatible avec ma vie. Je suis heureuse de ce que j'ai.

Quatre mots essentiels pour être bien dans sa vie ?
L'amour, sans hésitation. Ensuite, la capacité à ressentir des émotions, à donner et à transmettre, l'émerveillement… et la curiosité.

J'en aurais ajouté un pour vous : le mouvement.
Oui, c'est vrai ! J'ai besoin de mouvement. Plus ça va, plus j'en ai besoin : je ne tiens pas en place.

Anne-Sophie, c'est une réussite spectaculaire, mais aussi l'incarnation d'une douceur qui s'exprime jusque dans les mots adorables qu'elle a à l'égard de son mari, fidèle partenaire. Ce duo-là m'épate.

Moi, les hommes je les aime. Il y a ceux qui comprennent et ceux qui ne discernent plus rien (dans les sociétés occidentales, parce qu'on est loin de toutes ces considérations dans la majeure partie du globe). Ceux qui disent en levant les yeux au ciel : « Le féminisme, j'en peux plus » et ceux qui prennent le dossier à bras-le-corps, et découvrent, sincèrement sidérés, ce qu'est vraiment la vie des femmes.

J'ai eu un confrère en forme de gros ours vanneur qui m'a souvent épatée par sa délicatesse avec sa femme. Trois enfants, deux jobs très prenants à eux deux et une volonté de partage et une écoute sincère qu'il transforme en action, les yeux souvent écarquillés parce qu'il voit partout. Il prend sa part, totalement. Il dit : « Non, je ne peux pas faire ça, parce que je dois m'occuper de mes enfants. » Ça m'épate encore !

Une amie m'a raconté cette scène : elle et sa sœur sont devenues mères à peu près en même temps. Leurs parents, Anne et Jean, ont proposé de les aider en gardant les petits-enfants. Et là, Jean a ouvert les yeux. Et découvert qu'avoir une famille s'apparente à gérer une TPE-PME. Infirmerie, gestion des congés, approvisionnement de la cantine, secrétariat général, comité d'entreprise, fonctions support, services généraux… Et bien sûr, être joignable à toute heure.

Alors Jean a réuni la famille. Il a pris la parole, ému, devant tout le monde, il a dit « Merci » à Anne puis il lui a donné la moitié des parts de son entreprise, parce qu'après tout il n'aurait jamais pu la bâtir sans elle derrière. C'était adorable et aussi un peu vertigineux : il avait fallu qu'il tienne un biberon, un agenda, une lessive, pour comprendre la valeur de celle qui l'avait fait en silence pendant quarante ans. Le plus frappant, ce n'était pas sa reconnaissance sincère, le plus frappant, c'était le temps passé sans voir.

En 2025, notre ours a vu, et il a agi.

Clarisse Nigrelli

Il y a celles qui ont un beau parcours tout tracé, et tant mieux, et il y a celles qui se cherchent et qui finissent par se trouver et ça, c'est très émouvant. Elle est arrivée en marinière, notre plombière. Bac + 7, elle s'occupait des affaires de famille, elle était notaire et puis elle en a eu marre. Elle voulait travailler de ses mains : l'artisanat, pas socialement valorisé dans notre pays, mais parmi les plus beaux métiers du monde, comme nous l'a rappelé Notre-Dame, il n'y a pas longtemps. Alors elle est devenue plombière, et elle en a fait un combat… féministe !

Qu'est-ce que c'est pour vous être tenace ?
La ténacité, c'est surmonter les difficultés et en ressortir avec encore plus de volonté, encore plus d'énergie pour avancer.

Dans quelle famille êtes-vous née ?
Une famille assez classique, plutôt aisée, mais sans excès. Mes parents ont connu une progression : mon père est devenu directeur informatique dans un grand groupe, et ma mère, cadre bancaire, est aujourd'hui directrice de l'innovation dans une banque.

Petite fille aimée ?
Très aimée. Ça a compté énormément.

Après le bac, quelle voie choisissez-vous ?
En réalité, je ne choisis pas vraiment. Je me laisse porter par ce qu'on attend d'une bonne élève : fac de droit, médecine, prépa, Sciences Po... J'opte pour le droit, sans me poser trop de questions.

Vous rêviez d'être avocate ?
Oui, au début. Puis, en avançant dans mes études, j'ai découvert le notariat : un métier d'équilibre, d'équité, pas dans le conflit mais dans la solution. Et puis, c'était aussi un métier bien rémunéré, ce qui comptait.

Premier stage, premières impressions ?
Ça se passe très bien. Mais je sens déjà que je me contrains. La façon de parler, de m'habiller, de me comporter... Je me force à rentrer dans le cadre.

Et après, quelle trajectoire ?
Je découvre le notariat institutionnel : des transactions internationales prestigieuses. Ça fait briller les yeux... mais au fond, je m'éteins. Je vais au travail comme un robot. Je gagne bien ma vie, mais je passe à côté de moi-même.

Quel a été le déclic ?
Le Covid-19. Une vague de licenciements est annoncée. Quand je découvre que je ne suis pas sur la liste, je suis écœurée ! Je me rends compte qu'il faut que je parte. C'est moi qui demande à être licenciée.

À ce moment-là, savez-vous ce que vous voulez faire ?
Pas du tout. Je suis perdue. J'entame un bilan de compétences, je liste ce que je ne veux plus : travailler pour quelqu'un, rester assise douze heures par jour… J'ai besoin de bouger, de faire des choses concrètes.

Et là, un garage, une panne…
Oui. Une réparation hors de prix. Je réalise que je peux remplacer la pièce moi-même. Je découvre la satisfaction de faire de mes mains, de ne pas me faire avoir.

C'est aussi un déclic féministe ?
Oui. Autour de moi, toutes mes amies avaient une anecdote : un serrurier, un garagiste qui les avaient flouées… Je me dis qu'il faut créer quelque chose de différent, qui inspire confiance, surtout aux femmes.

Pourquoi la plomberie ?
Parce que c'est un métier technique, manuel, avec un vrai savoir-faire, un côté presque artistique. Plus créatif que la mécanique automobile.

Vous faites une formation ?
Oui. Une formation sérieuse, en alternance. Mais trouver un maître d'apprentissage a été très difficile.

Vos proches ont compris ?
Oui, même s'ils étaient très surpris. Mais j'avais trop souffert de faire ce qu'on attendait de moi pour encore chercher leur approbation.

Comment s'est passée la formation ?
Exceptionnelle. J'ai rencontré un maître d'apprentissage incroyable qui m'a redonné goût au travail. J'ai découvert des relations simples, sincères, sans calcul.

Vous passez votre CAP de plomberie. Et ensuite ?
Je lance ma boîte : La Plombière en Marinière. Au début, il a fallu construire la clientèle, mais jamais je n'ai douté de mon choix.

Et entre-temps, vous devenez mère ?
Oui, c'est ma compagne qui a porté notre fille. Ce projet de maternité est arrivé au bon moment : quand j'avais enfin retrouvé ma liberté intérieure.

Assumer votre homosexualité, ça a aussi été un combat ?
Oui, un vrai combat. Dans mon milieu d'origine et dans le notariat, c'était très dur à assumer. Le moment où j'ai présenté ma compagne à mes parents a été l'un des plus difficiles de ma vie.

Aujourd'hui, vous travaillez seule ?
Je commence à m'associer avec un ancien camarade de promo, un petit génie de la plomberie. L'activité décolle.

Être une femme, ça a été un obstacle ou une force ?
Dans le notariat, c'était un obstacle, un univers très patriarcal. Dans la plomberie, au contraire, c'est une force : bienveillance, entraide, respect.

Votre plus grand défi ?
Dire à mes parents qui j'étais vraiment.

Votre plus grande réussite ?
Avoir cassé mes propres codes.

Quatre mots pour réussir sa vie ?
Liberté. Équilibre. Tendresse. Plaisir.

Les mots de Clarisse réveillent un moment incroyable...

Je suis dans un groupe WhatsApp de Wonder Women : actives, engagées, drôles, fortes et fragiles... on ne se connaît pas toutes... On y échange tout de la vie d'une femme : les adresses, les médecins, les électriciens, les joies et les peines, les soldes, les coups de gueule, les inquiétudes sur le monde qui vient. Il y a de l'entraide là-dedans, de la considération. Certaines sont mutiques, d'autres très actives et peu à peu, au gré de la discussion se dessinent des portraits, des visages, des caractères.

Un matin, l'une d'elles poste un appel au secours : la situation avec son mari est très tendue, une procédure de divorce est en cours depuis une année et, alors qu'une rencontre chez le notaire est prévue quelques jours après, le gaillard débarque au domicile conjugal (qu'il a déserté bien des mois auparavant, pour s'installer avec une plus jeune) avec des déménageurs, leurs camions, les gros Scotch, les marqueurs et les voilà qui emballent toute la maison, en deux heures. Le lascar est sûr de son fait : il est du *boys'club*, et rien ne lui semble donc impossible, il est dans son droit. Elle tente de s'opposer à ce chambard, rappelle qu'ils doivent tout partager bientôt, que c'est déjà assez pénible. Lui ne veut rien entendre, il a décidé, c'est comme ça, il ne va pas s'emmerder avec les procédures, il n'a pas le temps, il veut une capitulation. Elle est seule, face à ces gros gars déterminés et lance donc son message sur le groupe WhatsApp.

Alors se met en branle une mécanique solidaire et joyeuse. Chacune, en fonction de sa compétence, propose son aide, encourage et porte son attention. Les messages s'enchaînent, elle se sent soutenue. L'une quitte même tout ce qu'elle est en train de faire et se rend sur les lieux, téléphone au poing pour filmer le mufle. Indignation du goujat, grosse colère, les déménageurs roulent des billes, petite pagaille dans le bel ordonnancement de l'action en cours. On convie la maréchaussée qui rappelle au gaillard que la vie, ce n'est pas toujours si on veut et quand on veut, surtout lorsqu'il y a un rendez-vous devant un notaire et que la justice suit son cours. Il reçoit parallèlement des tas de messages des amies du groupe et se voit déjà tatoué d'un #MeToo, un peu comme Angélique et sa fleur de lys : la trouille! Alors Mufle part en grognant, promet, comme Terminator, qu'il reviendra. Rapplique effectivement le lendemain la queue entre les jambes pour prendre trois caleçons et ses chaussures, laisse pendre l'antimite dans son placard vide, comme le rappel de ce qu'il est : miteux. Et piteux. Je dois dire que cette aventure vécue à distance m'a mis du baume au cœur. Je me suis alors souvenue que, quand on le décide, la féminité, c'est la puissance. Il faut donc bien le décider.

Conclusion

Ce livre n'est pas un répertoire de douleurs ni un catalogue de prouesses. Ce que ces femmes ont en commun, malgré leurs différences, c'est cette façon d'habiter leur vie sans renoncer, une façon d'occuper le monde aussi. Ce livre est un hommage à la ténacité, à cette puissance intime que tant de femmes portent en elles, souvent sans bruit ni reconnaissance. Parfois avec.

Ce qui revient, sans jamais se ressembler, c'est la ténacité comme persistance intérieure : elle se niche dans les choix minuscules, dans les gestes répétés, dans les fidélités tenues envers soi-même. Il y a aussi la douceur : parfois rugueuse, résistante, une manière d'accueillir sans se dissoudre. Beaucoup de femmes refusent la violence, sans être fragiles. Elles soignent, portent, encadrent, négocient, dirigent – sans jamais reproduire les formes dures du pouvoir. La douceur est une arme invisible, une manière d'être puissante sans écraser. J'ai aussi beaucoup appris de leur indépendance d'esprit, farouche. Toutes ont, à un moment, dit « non ». À un rôle, à une attente, à une assignation. Ce qui les guide, me semble-t-il, ce n'est pas la conquête, c'est le sens. Elles ne simplifient rien, ne réduisent pas leur parcours à une *success-story*. Elles parlent de leurs doutes, de leurs ambivalences, de ce qu'elles n'ont pas compris sur le moment… Ce qui fait leur force, c'est l'intelligence du trouble. Elles veulent comprendre, transmettre, construire quelque chose qui tienne. Elles cherchent l'alignement – entre ce qu'elles font, ce qu'elles sont, ce qu'elles défendent. Certaines portent aussi une éthique du soin : elles protègent, écoutent, structurent. Elles tiennent pour les autres, parfois à leur propre détriment. Elles savent ce que c'est que d'être responsable et n'ont pas besoin de piédestal.

Et peut-être que tout cela, ensemble, forme une puissance alternative majeure : la féminité. Un pouvoir sans domination, une ambition sans cynisme, une liberté qui ne sacrifie ni le lien ni la lucidité. La féminité est une force du monde qui n'a pas encore donné : elle n'a pas fini de le transformer, ce monde, de l'éclairer autrement, de le construire en mieux. Partout, dans les rues, dans les tribunaux, dans les maisons, dans les champs, sur les réseaux, cette force murmure, agit, s'élève. Elle crie parfois et se tord, mais les femmes ont cet atout majeur : elles n'ont pas besoin de haine pour avancer, elles utilisent leur élan propre et leur fidélité à la vie.

Il ne s'agit pas de prendre le pouvoir à la place des hommes. Il s'agit d'inventer un autre monde, ensemble. Comme l'a dit Gisèle Pelicot, dont le geste a changé bien plus que sa propre histoire : « J'ai confiance à présent en notre capacité à saisir collectivement un avenir dans lequel chacun, femme et homme, puisse vivre en harmonie, dans le respect et la compréhension mutuelle. »

Remerciements

Merci à toutes les Tenaces rencontrées au fil des ans – pour leur confiance, leur force, leur liberté.

Merci à Élisabeth Richard, femme de parole et d'engagement, sans laquelle *Tenaces* n'aurait tout simplement pas vu le jour. Son soutien a rendu possible la deuxième saison de *Tenaces* et par ricochet ce livre.

Merci à Catherine Schöffer et à RTL, pour avoir accueilli les voix de *Tenaces*.

Merci à Delphine Cantelli et François Touchard, dit « La Touche », première équipe de production et de réalisation. Merci à Rachel Azria et à Hugo Gandon, compagnons de la troisième saison.

Merci à Rageman, dont l'œil singulier capte immédiatement l'essence des choses, merci pour le premier logo.

Merci à Anne Caminade qui insuffle une âme et une personnalité aux concepts.

Merci à Anna Pavlowitch, Stéphane Barsacq, Hélène Morin, Maud Michel et toute la maison Albin Michel – pour leur accueil enthousiaste et leur écoute attentive.

Merci à José Ferré, pour sa relecture, son esprit unique, son amitié.

Merci à Laurence Clot, pour sa joie de lire, celle qui donne envie de continuer.

Merci à ma mère, Marie, pour cette compréhension instinctive, irréfutable, qui n'appartient qu'aux mères. Ses mots tombent juste et sa force discrète, mais constante, m'a portée tout au long de *Tenaces*.

Merci à ma sœur, Marion, pour son intelligence vive, son humour inouï et son regard sur ce livre, à la fois complice et exigeant.

Et à Xavier, mon mari chéri, mon meilleur ami… et à Gaïa-Lou, Tosca, Bianca. Ma famille, à la fois l'ancrage et l'élan.

Je pense à mon père bien aimé, Jean-Marie.

Table

Les pionnières

Les indestructibles

Les engagées

Les alignées

Composition : IGS-CP
Impression : CPI Firmin Didot en octobre 2025
Éditions Albin Michel
22, rue Huyghens, 75014 Paris
www.albin-michel.fr
ISBN : 978-2-226-50702-0
N° d'édition : 27959/01 - N° d'impression : 185332
Dépôt légal : novembre 2025
Imprimé en France par CPI Firmin Didot